金融风险偏好与投资理性评估

——教育及经验等因素作用机制分析

楚啸原　许　俏　著

中国商业出版社

图书在版编目(CIP)数据

金融风险偏好与投资理性评估：教育及经验等因素作用机制分析 / 楚啸原，许倩著. — 北京：中国商业出版社，2021.5

ISBN 978-7-5208-1624-3

Ⅰ.①金… Ⅱ.①楚… ②许… Ⅲ.①金融风险－关系－金融投资－研究－中国 Ⅳ.①F832.5②F832.48

中国版本图书馆 CIP 数据核字(2021)第 091284 号

责任编辑:滕　耘

中国商业出版社出版发行

010-63180647　www.c-cbook.com

(100053　北京广安门内报国寺 1 号)

新华书店经销

河北文盛印刷有限公司印刷

*

710 毫米×1000 毫米　16 开　11 印张　200 千字

2021 年 5 月第 1 版　2022 年 1 月第 1 次印刷

定价:60.00 元

* * *

(如有印装质量问题可更换)

前　言

近些年来，我国金融业蓬勃发展，金融投资者数量增长迅速，但依然存在金融市场发育不尽充分、金融投资者成熟度有待提高等问题。而由于我国金融市场发展的特殊性，以发达国家金融投资者为研究对象的主流金融理论是否适用于我国金融投资者尚待论证。

基于此，本书以我国金融投资者和潜在参与者为研究对象，试图探究金融风险偏好和金融投资理性的影响因素及潜在作用机制，为丰富发展中国家金融投资理论服务，并用以指导我国的金融投资实践。

首先，通过微观调查的方法探究个体经历层面、人格层面、人际影响层面中金融风险偏好的影响因素，并以此为基础进一步揭示金融投资直接经验和金融知识、重要他人金融投资经验及金融机构从业经验等间接经验在对金融风险偏好影响中的作用机制。

其次，通过理论推演，从两个不同视角对金融投资理性加以界定，并通过测量的方法，依据期望效用理论的基本准则建构金融投资智慧指数，依据主客观评价差异建构两种金融投资能力认知偏差。在此基础上，实证检验金融投资理性在个体经历层面、人格层面、人际层面上的影响因素，并进一步揭示其作用机制，以探析金融知识对金融投资理性促进作用得以实现的条件。

最后，基于我国和澳大利亚金融市场发展的相似性和差异性，在国内研究的基础上，引入实验的方法，提供了研究设计方案，用以探究情境因素和产品因素对金融风险偏好及金融投资理性的影响,同时综合考量经济因素、文化因素、情境因素、产品因素、个体因素、人际因素等在金融风险偏好和金融投资理性预测中所起的作用,并对国内研究的跨文化一致性加以检验。

在上述研究的基础上,我们得出以下结论:

个体经历层面、人格层面以及人际影响层面中均有诸多因素对个体的金融风险偏好起到不同程度的预测作用,而作用机制研究发现,直接的金融投资经验不仅在家人影响和简单金融知识对金融风险偏好的影响过程中起到了完全中介作用,而且在同伴影响和朋友影响对金融风险偏好的作用过程中起到了部分中介作用。

认知偏差视角下投资理性的研究发现,个体经历层面、人格层面以及人际影响层面中均有诸多因素对个体的投资能力评估偏差和投资过度自信偏差起到预测作用。而作用机制分析发现,金融知识与个体经历层面中的金融投资年限、人格层面中的神经质、人际影响层面中的家人金融投资经历在对投资能力评估偏差的预测过程中表现出了交互作用。具体来说,对于金融投资年限长、神经质水平低、家人金融投资占比高的个体,其金融知识可以显著负向预测个体的投资能力评估偏差;对于金融投资年限短、神经质水平高的个体,金融知识则无法显著预测个体的投资能力评估偏差。而对于家人金融投资占比低的个体,金融知识虽然可以负向预测个体的投资能力评估偏差,但较之家人金融投资占比高的个体预测显著性低很多。

预期效用视角下投资理性的研究发现,金融相关专业背景是唯一可以预测个体金融投资智慧的人口统计学因素;个体经历层面中,金融机构从业经历可以显著预测金融投资智慧;人格层面中,所有变量均无法显著预测金融投资智慧;人际影响层面中,朋友在金融机构的从业占比可以正向预测金融投资智慧。

而作用机制分析发现,金融知识与其朋友/同伴在金融机构的从业占比在对金融投资智慧的预测中具有交互作用:只有当个体金融知识较丰富且有较多朋友/同伴在金融机构从业时,其金融投资智慧才会较高。

而这些研究发现是否具有跨文化一致性,以及情绪因素和产品因素在金融风险偏好和金融投资理性中发挥的作用将由针对澳大利亚金融投资者的研究设计加以验证,其检验结果将独立于本研究发布。

本研究在研究内容和研究方法上均有所创新。在研究内容上,首先借助理论推导和研究设计分别从认知偏差和预期效用两个视角,通过金融投资能力认知偏差相关指数和金融投资智慧指数的建构设计了金融投资理性的量化测度方法。其次,系统地研究了个体层面金融投资理性的潜在影响因素,并揭示了金融知识对金融投资理性促进作用的实现条件。最后,本研究系统地检测了金融风险偏好的潜在影响因素。在研究方法上,本研究在研究改进部分把实验方法引入金融投资理性和金融风险偏好的研究,可以检验相关因果关系。此外,本研究在问卷设计中创造性地引入了很多测量指标用以提高研究的内部效度。

目　录

第一章　金融风险偏好与投资理性相关理论回顾

随着改革开放不断深化，市场化进程不断加速，当今社会人们选择的自由度越来越大，选择的范围也越来越宽。同样，金融业的迅猛发展、金融产品的层出不穷也为人们提供了更多的投资渠道、更广的投资选择空间。如今金融投资对于中国人来说已经不再陌生，人们对金融产品的接受度随着金融市场的发展在逐渐提高。尽管各种金融产品为人们提供了更多资产保值增值渠道，但现阶段银行存款这种最为传统的资产储存方式依然具有绝对优势。金融业发展速度和发展潜力在很大程度上取决于市场对金融产品的接受程度，而影响投资者对金融产品接受程度的一个重要因素就是投资者对风险的态度，即风险偏好。

提到风险偏好，我们不得不提的一个问题就是金融市场上的风险。如今，投资者们在享受市场经济、金融发展所带来的极大自由的同时也面临着前所未有的风险。在计划经济时期，人们无须担心资产的处置不善可能带来的损失。市场化改革初期，由于金融产品在人们的资产组合中所占比重较低，投资不慎也不会带来太大影响。而在资本市场高速发展的今天，闲置资金有了更多的处理方式，人们或主动或被动地都与金融市场建立了某种联系。同样，随着这种联系的密切度提高，投资决策的失误给日后的生活所带来的影响也不断增强。从 2015 年中国资本市场价格水平的巨大波动中我们可以看到，中国金融投资者的投资理性程度还有较大改进的空间。而何为理性投资，哪些因素会帮助我们实现理性投资，这些问题的解答对于个人投资者、金融机构、金融行业以至国家都至关重要。

由于我国目前依然处于经济转型之中,一方面,金融市场迅猛发展,金融产品层出不穷,金融投资者大幅增加;另一方面,金融投资方面各种问题不断凸显,金融市场发育不尽完善,金融投资者整体投资成熟度有待提高。而由于我国金融市场发展的特殊性(如市场经济历史较短、投资者数量众多且差异较大、国家整体的高储蓄率与高流动性等),以发达国家金融投资者为研究对象所得到的理论或结论是否适用于我国尚有待考究。出于这一考虑,本研究以我国金融投资者和潜在参与者为研究对象,试图探究其金融风险偏好和金融投资理性的影响因素以及潜在影响机制,用于丰富发展中国家金融投资理论,并用以指导我国金融投资实践。

而本研究在金融投资者行为决策的诸多方面选择了金融风险偏好和金融投资理性则是出于以下考虑。

对金融风险偏好的研究首先是理论发展的需要:在市场化改革快速推进的过程中,中国民众的金融风险偏好发生了较大变化,一方面这是对经济社会发展的适应,是金融行业进一步完善、金融市场进一步发展的前提;但另一方面这一变化在速度和幅度上都超过了中国投资者的准备,也引发了金融投资中的各种问题。为了解决这些问题,促进我国金融市场持续健康发展,我们需要从理论角度解读金融风险偏好的影响因素及作用机制。而由于上述我国金融市场的特殊性以及我国民众金融风险偏好的较大变化,适用于现阶段我国情况的金融风险偏好理论的建立就非常重要了。其次,对金融风险偏好的研究也有很大的实践意义:对于个体投资者来说,理解其自身金融风险偏好及其可能原因是规避盲目投资的第一步;对于金融机构来说,理解投资者的金融风险偏好及其作用因素可以帮助其更好地设计金融产品,更清晰地沟通金融风险;对于金融行业来说,理解市场投资者金融风险偏好是调整其发展速度、促进其健康发展的前提;对于政府来说,理解民众金融风险偏好及其影响因素是引导社会投资方向的基础。

对金融投资理性的研究首先也是对现有理论的丰富：经由文献分析可知，大多数学者均认同该主题的重要性，但以金融投资理性为主题的研究并不多见。尽管有些研究也探究了金融投资理性的影响因素，但这些研究多从一两个方面加以考察，而本研究则系统地考察了经济因素、文化因素、情境因素、产品因素、个体因素、人际因素的作用，丰富了相关理论。其次，从实践方面来说，对金融投资理性的研究意义如下：个体层面，金融投资理性与金融投资表现密切相关，现代社会中它对投资者生活质量及其经济稳定性有着重要影响。企业层面，从公司经营角度看，理解金融投资理性的影响因素对于金融企业招聘专业投资人员有着借鉴价值；从风险控制角度看，理解金融投资理性的影响因素对于识别群体性非理性投资行为提早采取行动解决问题有着参考作用；从产品设计角度看，理解金融投资理性的影响因素对于提高金融产品设计以帮助投资者理性投资有着借鉴意义。政府层面，理解金融投资理性的影响因素是引导理性投资、提高民众投资能力的基础。

第一节　金融风险偏好相关理论回顾

一、金融风险偏好及其个体差异

风险水平以及资产配置决策中反映出的金融风险偏好在理论和实证方面都有着广泛的研究基础（Schooley D. K. & Worden D.，1996）。数学上，风险水平可以通过改变随机变量的分布结构而得以调整。具体来说，保持平均值不变，把分布中间的概率密度降低而两端提高，即可提高风险水平（Rothschild M. & Stiglitz J. E.，1970；Rothschild M. & Stiglitz J. E.，1971；Diamond P. A. & Stiglitz J. E.，1974）。而早在20世纪50年代初,资产配置的研究就已发现,只有在没有其他任何资产组合可以提供相同或更高预期收益的同时保持更为集中的收益分布时,该资产组合才是最优选择(Markowitz H.,1959;Fama E. F. & Mac Beth J. D.,1973)。换言之,理论上理性的投资者在承担更高风险时应该要求更高的回报(Tobin J.,1958)。之后发展起来的资本资产定价模型也指出,在均衡状态下,理性个体只能通过承担额外风险才获得一个较高的预期回报率;时间价值和风险补偿价值共同决定了资产回报的高低(Sharpe W. F.,1964)。实际上,实验室的研究成果以及跨文化研究均证实大多数个体都是倾向于规避风险的,他们均愿意为降低风险而付出经济代价(Weber E. U. & Hsee C.,1998;Holt C. A. & Laury S. K.,2002)。

尽管大多数人都是风险回避者,但是个体的金融风险偏好程度还有较大差异,如下列因素可以对风险偏好起到预测作用:性别(Bajtelsmit V. L. & Bernasek A.,1996;Jianakoplos N. A. & Bernasek A.,1998;Fehr-Duda H.,De Gennaro M. & Schubert R.,2006;Eckel C. C.,Grossman P. J.,2008;Borghans L. et al.,2009)、国籍(Hsee C. K. & Weber E. U.,1999;Bonin H. et al.,2009)、年龄(Riley Jr W. B. & Chow K. V.,1992;Pålsson A. M.,1996;Noussair C. N.,Trautmann S. T. & Vande Kuilen G.,2013)、种族(Halek M. & Eisenhauer J. G.,2001)、婚姻状态(Grable J. E.,2000)、财富水平(Hartog J.,Ferrer-i-Carbonell A. & Jonker N.,2002;Meyer D. J. & Meyer J.,2005)、社会经济地位(Grable J. E.,2000;Picazo-Tadeo A. J. & Wall A.,2011)以及遗传因素(Barnea A.,Cronqvist H. & Siegel S.,2010)。同时,风险种类和支付类型也会影响金融风险偏好(Kühberger A.,Schulte-Mecklenbeck M. & Perner J.,1999;Harrison G. W. et al.,2005;Bombardini M. & Trebbi F.,2012)。

而一些更为重要的影响行为决策和风险偏好的因素将在下面依次展开讨论。

二、情绪、行为决策和金融风险偏好

早期研究发现,情绪可以通过两种方式提高决策能力:一是防止必须做决策时出现拖延;二是有时协助理智做出最优决策。在这两种情况下,情绪和理性共同作用做出的决策均被认为优于纯粹理性思考所做的决定(Elster J. ,1998)。随后,研究发现,情绪的不同维度在决策过程中的作用不同。比如,情绪效价和唤醒度在信息评价方面有着不同的作用:对于中性信息,情绪效价使得个体按照与自身所处情绪效价相一致的方向加以解读;而当信息有着明确的积极或者消极的情感基调时,对信息评价产生影响的则是唤醒度而非情绪效价(G. Gorn,Pham M. T. & Sin L. Y. ,2001)。情绪效价和唤醒度对信息处理方面也有着不同的作用:情绪效价影响信息处理类型(积极情绪下人们倾向于采用概念驱动加工,而消极情绪下人们倾向于采用数据驱动加工),而唤醒度影响其处理水平(较之中等程度唤醒,高唤醒程度使得信息处理水平更低)(Stewart Shapiro & Deborah J. MacInnis,2002)。

而风险决策中情绪所起的作用就更为重要,有些理论甚至把风险看作情绪的一种,如风险情绪假说强调决策过程中所感受到情绪的作用,并且认为风险情境下,通常是情绪反应驱动行为,而这些情绪反应往往与对风险的认知评估不尽相同(Loewenstein George F. et al. ,2001)。有些理论采用两种方式认知风险:一种是将其视为感觉,即人对危险本能和直觉的反应;另一种是对其进行分析,即通过逻辑、推理和科学思考的方式实现风险管理(PSlovic & E. Peters,2006)。尽管大多数研究者都把情绪和风险看作彼此独立的变量,但依然认为情绪以某种复杂的方式影响着风险感知和偏好。一些人认为,积极情绪使得人们更愿意承担风险并增强了其对自身投资能力的信心,消极情绪则相反(Camelia M. Kuhnen & Brian Knutsona,2011)。而风险偏好与情绪的这种关系也被认知神经学所证实:研究发现,相关产生情绪的脑区也会参与风险信息的加工处理(Camelia M. Kuhnen & Brian Knutsona,2011)。如伏隔核的激活与正向情绪密切相关,而这一脑区也会在被试决定承担金融风险及出现风险追求错误前被激活(Knutson Brian et al.,2008;Camelia M. Kuhnen & Brian Knutson,2005)。而负性刺激会激活前岛叶皮质(Perrett D. Rowland et al.,1997),且其激活程度和对负性刺激的厌恶程度显著相关(Andrea Caria et al.,2010),该脑区会在被试做出无风险决策及出现规避风险错误前被激活(Camelia M. Kuhnen & Brian Knutson,2005)。此外,虽然多数研究认为风险感知随着消极情绪的加重而增加(Anthony Leiserowitz,2006),但仍有一些研究表明不同的消极情绪对风险感知和风险偏好作用不同。如恐惧会放大风险感知,而愤怒则会降低风险感知(Lerner & Keltner,2000;Lerner et al.,2003);悲伤会增加风险偏好,而焦虑则会使得该偏好降低(Rajagopal Raghunathan & Michel Tuan Pham,1999)。

基于以上理论和研究结论,针对金融投资领域,本书提出如下假设。

假设1:较之中性情绪,正向情绪会提高金融风险偏好。

假设2:较之中性情绪,负向情绪整体上会降低金融风险偏好。

假设3:较之中等程度唤醒,高唤醒程度会提高金融风险偏好。

假设4:在对风险偏好的影响上,情绪效价与唤醒度有交互作用。即情绪效价为负时,高情绪唤醒程度(恐惧)会降低被试的金融风险偏好,而低情绪唤醒程度(悲伤)则会增加被试的金融风险偏好。[①]

三、人格、行为决策和金融风险偏好

早在19世纪50年代,学者们就已经认识到用忽略人格变量的决策模型去预测行为是不完善的(Alvin Scodel,Philburn Ratoosh & J. Sayer Minas,1959)。而在风

① 这四个研究假设仅针对澳大利亚所做研究。

险决策方面,人格因素的作用更为重要(Filbeck G., Hatfield P. & Horvath P., 2005)。但在人格与风险偏好的关系上,不同学者存在意见分歧:一些学者认为个体在不同情境下其冒险行为具有一致性,因故提出风险偏好是一种人格特征(Knowles Eric S. et al., 1973);另一些学者则表示风险偏好不属于人格特征,但人格中刺激寻求性和经济风险接纳度密切相关(Harlow W. V. & Brown K. C., 1990);还有一些学者把风险承担行为细分为工具型风险承担和应激型风险承担,并认为是不同人格特征对这两类风险承担行为造成影响:工具型风险承担受到未来导向性、合理性、冲动性、刺激寻求性等人格特质的影响,而应激型风险承担则受到人格特质中唤醒寻求性、冲动性和刺激寻求性的影响(Zaleskiewicz T., 2001)。从文献梳理中我们发现,现在主流的观点是将风险偏好与人格特质作为两个不同对象加以研究。

在人格对风险决策影响的研究中,使用最多的人格结构是大五人格。但从不同视角切入,研究发现有着较大差异。如一些学者认为风险偏好与外向性(Joyce Willock et al., 1999; Nicholson N. et al., 2005; Lönnqvist J. E. et al., 2015)、开放性(Joyce Willocket al., 1999; Nicholson N. et al., 2005; Lönnqvist J. E. et al., 2015)存在正相关,而与神经质(Nicholson N. et al., 2005; Lönnqvist J. E. et al., 2015)、宜人性(Joyce Willocket al., 1999; Nicholson N. et al., 2005; Lönnqvist J. E. et al., 2015)、尽责性(Nicholson N. et al., 2005; Lönnqvist J. E. et al., 2015)存在负相关。另一些学者认为是完美主义而非大五人格影响着风险情境下的决策(Brand M. & Altstötter-Gleich C., 2008)。还有一些学者根据在不同情境中风险偏好的一致性程度把研究对象分成两组,并发现较之不一致组,一致组(主要为风险规避者)的神经质水平较低,而宜人性和尽责性较高(Emma Soane & Nik Chmiel, 2005)。此外,一些研究把风险情境分为收益风险和损失风险两组,并发现人格特征在这两种

情境下影响不同:收益风险正相关于开放性,负相关于神经质;而损失风险正相关于神经质(Marco Lauriola & Irwin P. Levin,2001)。

基于以上理论和研究结论,针对金融投资领域,本书提出如下假设。

假设5:外向性可以正向预测金融风险偏好。

假设6:开放性可以正向预测金融风险偏好。

假设7:神经质可以负向预测金融风险偏好。

假设8:尽责性可以负向预测金融风险偏好。

假设9:宜人性可以负向预测金融风险偏好。

四、纯粹接触效应和金融风险偏好

纯粹接触效应由心理学家Zajonc于20世纪60年代首先提出,他证实了仅仅重复接触刺激物即可增强被试对其(正向)态度(Zajonc R. B.,1968;Harrison,1977)。而后这种效应被基于不同情境和实验材料的研究一再验证,如对图形和数字(Bornstein & D' Agostino,1992;Seamon et al.,1995;Willems & Vander Linden,2006)、文字(Monahan,Murphy & Zajonc,2000)、照片(Bornstein & D' Agostino,1992)、图片(Kruglanski,Freund & Bar-Tal,1996)的研究均发现了纯粹接触效应。而基于208个独立实验的元分析也证明,接触增进偏好这一关系是稳健且可靠的(Bornstein R. F.,1989)。此外,纯粹接触效应的存在也被之后的研究者用心理生理学的方法证实(Harmon-Jones E. & Allen J. J. B.,2001)。

纯粹接触效应的元分析指出许多因素都会影响效应大小,如刺激类型、刺激复杂性、呈现顺序、接触时间、刺激识别度、被试年龄、接触和评价之间的时间、刺激呈现数量等(Bornstein R. F.,1989)。一些学者证实了纯粹接触效应的泛化(即对重复刺激的偏好会转移到之前没有接触过但在某些维度上和重复刺激有相似之处的新事物上)，并进一步表明纯粹接触效应类似于“内隐”的概念学习和规则归纳(Gordon P. C. & Holyoak K. J.，1983)。实验研究也发现，阈下纯粹接触效应不仅可以在简单刺激上得以证实，而且可以在社会情境下的复杂人类刺激上得到验证(Bornstein R. F.，Leone D. R. & Galley D. J.，1987)。许多理论被提出用以解释这种现象，如对抗过程理论(Harrison，1977)、知觉流畅性/错误归因模型(Bornstein & D' Agostino，1992)、流畅性情绪模型(Winkielman & Cacioppo，2001)、不确定性消减模型(Lee，2001)、加工层次模型(Nordhielm，2002)等。

虽然没有直接的研究佐证，但根据纯粹接触效应的研究结果，我们可以合理地推测，个人经历中与金融领域相关的接触经验将增加个体的金融风险偏好，且各种接触经验因素中与金融投资风险相关度越高、越直接的因素带来的金融风险偏好越强。基于此，针对金融投资领域，本书提出如下假设。

假设10：金融投资年限可以正向预测金融风险偏好，且其预测作用强于其他金融领域相关经验。

假设11：金融行业从业经验可以正向预测金融风险偏好。

假设12：金融知识可以正向预测金融风险偏好。

假设13：金融相关专业的学习可以正向预测金融风险偏好。

假设14：家人(假设14.1)、同伴(假设14.2)、朋友(假设14.3)的金融机构从业经验可以正向预测金融风险偏好。

假设15：家人(假设15.1)、同伴(假设15.2)、朋友(假设15.3)的金融投资经验可以正向预测金融风险偏好。

五、教育、行为决策和金融风险偏好

许多研究证实，拥有较高认知能力的个体有着更高的金融风险偏好(Dohmen

T. J. et al. ,2010)并更多地参与股票投资(Christelis D. ,Jappelli T. & Padula M. ,2010;Grinblatt M. ,Keloharju M. & Linnainmaa J. ,2011)。很多学者也认为一般教育水平与风险偏好存在正相关性(Donkers B. ,Melenberg B. & Van Soest A. ,2001;Hartog J. ,Ferrer-i-Carbonell A. & Jonker N. ,2002;Hryshko D. ,Luengo-Prado M. J. & Sørensen B. E. ,2011;Belzil C. & Leonardi M. ,2013)。许多学者甚至认为是教育影响了风险偏好(Donkers B. , Melenberg B. & Van Soest A. , 2001; Hartog J. , Ferrer-i-Carbonell A. & Jonker N. , 2002; Hryshko D. , Luengo-Prado M. J. & Sørensen B. E. , 2011; Brodaty T. , Gary-Bobo R. J. & Prieto A. , 2014; Jung S. , 2015)。其中,一些学者强调基础教育的影响(Hryshko D. ,Luengo-Prado M. J. & Sørensen B. E. ,2011),而另一些学者则强调高等教育的作用(Hartog J. ,Ferrer-i-Carbonell A. & Jonker N. ,2002)。也有一些相反的意见。例如,一些学者认为风险偏好与教育的关系是风险偏好对教育有所影响(Belzil C. & Leonardi M. ,2013;Brodaty T. ,Gary-Bobo R. J. & Prieto A. ,2014),而另一些学者甚至认为一般教育和风险偏好之间的相关性是负的(Jung,2015)。专业教育和风险偏好关系方面,学者们达成了共识:金融知识影响了风险偏好,其影响是正向的(Yoong J. ,2010;Van Rooij M. ,Lusardi A. & Alessie R. ,2011;Calcagno R. ,Monticone C. ,2015)。

基于以上理论和研究结论,针对金融投资领域,本书提出如下假设。

假设 12:金融知识可以正向预测金融风险偏好。(注:此假设在纯粹接触效应和风险偏好中同时提出)

假设 13:金融相关专业的学习可以正向预测金融风险偏好。(注:此假设在纯粹接触效应和风险偏好中同时提出)

假设 16:教育水平可以正向预测金融风险偏好。

六、人际影响、行为决策与金融风险偏好

作为社会动物，个体会受到周围人的影响是不争的事实。许多实证研究检验了人际影响在行为决策过程中的作用并发现人际影响对个体的偏好会产生影响（Childers & Rao，1992；Harrison，Mykytyn & Riemenschneider，1997；Lu，Yao & Yu，2005；Bault，2011；Tomlin et al.，2013；Germar et al.，2014）。而强调人际影响在行为决策中的重要作用的理论也应运而生，如同伴影响理论（Deutsch & Gerard，1955）、两级传播理论（Katz，Elihu，1957）和计划行为理论（Ajzen，Icek，1991）等。

人际影响在风险偏好和风险承担方面也发挥着重要作用。针对青少年的研究发现，同伴在场的情况下个体更可能做出高风险的决策（Gardner M.，Steinberg L.，2005）。一些研究者认为这是由于同伴在场提高了个体对风险决策潜在的收益敏感性造成的（Chein J. et al.，2011）。尽管较之青少年，成年人在风险决策和风险承担中受到的人际影响较小（Steinberg L.，2008；Chein J. et al.，2011），但是他们的风险偏好以及风险决策行为也不可避免地会受到周围人的影响。如有研究表明，人际影响是储蓄决策（Duflo E. & Saez E.，2002）和股票市场参与（Hong H.，Kubik J. D. & Stein J. C.，2004）的重要决定因素。具体来说，当更多相识的同伴参与投资时，投资者会觉得金融市场更具吸引力（Hong H.，Kubik J. D. & Stein J. C.，2004）。这种影响不仅发生在普通人身上，而且在专业投资者身上也可以看到。有研究发现，不管任何季度，基金经理都更倾向于买入（或卖出）所在城市其他基金经理买入（或卖出）的股票。研究者进一步借助传染模型对这种现象加以解释，认为职业投资者们以口口相传的方式把关于股票的信息散布开来（Hong H.，Kubik J. D. & Stein J. C.，2005）。也有学者认为观察学习效应和羊群效应在资本市场上同样影响着个体的行为决策（Hirshleifer D. & Hong Teoh S.，2003）。

基于以上理论和研究结论,针对金融投资领域,本书提出如下假设。

假设15:家人(假设15.1)、同伴(假设15.2)、朋友(假设15.3)的金融投资经验可以正向预测金融风险偏好。(注:此假设在纯粹接触效应和风险偏好中同时提出)

第二节 投资理性相关理论回顾

一、框架效应、认知偏差与投资非理性

行为经济学家认为决策往往是非理性的,并受到系统性偏差影响(Strough J. N., Karns T. E. & Schlosnagle L., 2011)。作为风险决策过程中的重要环节,风险感知可以被理解为对风险的评估,并依赖于所获得的信息(Williams D. J. & Noyes J. M., 2007)。当信息的描述不同,框架效应(一种生命全程中都相对稳定存在的认知偏差,Strough J. N., Karns TE. & Schlosnagle L., 2011)可以被用来显示行为决策中的非理性(Kühberger A. & Tanner C., 2010; Reyna V. F. et al., 2013)并且可以被观测(Gonzalez C. et al., 2005)。框架效应的早期研究可以追溯到20世纪80年代(Tversky A. & Kahneman D., 1981; Meyerowitz B. E. & Chaiken S., 1987)。它可以被理解为信息表述对行为决策的影响(Tversky A. & Kahneman D., 1981)。研究时,往往采用逻辑上等价的备选项通过不同方式加以表述,并对产生的偏好进行分析(Kühberger A., 1998)。许多研究证实了在风险偏好上框架效应的存在(Kühberger A., 1998),而且框架效应不仅发生在文字的表述变化时,而且也发生在文字与图表表述的转化上(Sun Y. et al., 2012)。这种效应在生命全程都相对稳定(Strough J. N., Karns T. E. & Schlosnagle L., 2011)。元分析表明,整体而言强调

积极方面会导致风险规避,而强调消极方面则会导致风险寻求(Van Schie E. C. M. & Van Der Pligt J. ,1995;Kühberger A. ,1998;Kühberger A. ,Schulte-Mecklenbeck M. & Perner J. ,1999)。之后的研究试图找出风险偏好方面框架效应的影响因素,并发现情绪(Cheung E. & Mikels J. A. ,2011;Stanton S. J. et al. ,2014;Habib M. et al. ,2015)、认知(LevinI P. ,Schneider S. L. & Gaeth G. J. ,1998;Gonzalez C. et al. ,2005)、知识(Schuck A. R. T. & De Vreese C. H. ,2006;Reyna V. F. et al. ,2009;Wright A. J. et al. ,2009;Bateman H. et al. ,2014;Bateman H. ,Stevens R. & Lai A. ,2015;Bateman H. et al. ,2015)在框架效应的形成和效应量方面有所影响。而另有学者认为,风险决策中框架可以被理解为特征框架,它独立于选择情境中的风险偏好(Kühberger A. & Gradl P. ,2013)。

很多学者都在企业层面上对企业管理者的投资理性加以研究,并发现管理者存在着认知偏差,进而出现非理性投资决策(Jensen & Meckling,1976;Jensen,1986;Richardson,2006)。而较之企业经营投资,金融市场上的投资理性对更多的人有着深远影响。在金融市场上有很多噪声影响着投资者们的理性判断,有学者认为噪声阻碍了对股票和投资组合的预期收益,并且噪声交易在很大程度上造成了金融市场的风险(Black,1986)。

同样,投资者因素也会使投资出现不理智的情况。如有学者认为市场由两种类型的投资者构成:套利者与噪声交易者。其中噪声交易者的观点与交易方式受系统偏差的影响,噪声交易对其他市场参与者和社会都会产生负面影响(DeLong,Shleifer & Summers,1990)。另有学者认为,人们倾向于高估自己所拥有的知识和信息的精确性(Fischhoff et al. ,1977),而这一高估在金融产品的选择上也有着显著影响,如男性比女性在投资决策中更为自负,有更多的交易冲动(Barber & Odean,2000),而这些冲动下的交易往往导致非理性投资者的收益不能弥补交易成本。然而,这些投资者高估了交易的预期收益,因此,他们频繁地进行买卖操作,导致高交易量的出现(Odean,1998)。而投资者因素和市场噪声因素有时会产生交互作用,如经验丰富的决策者会考虑更多的信息来源,并且对信息变化更加敏感(Browne,2007)。

据此,我们可以借助于框架效应结合其他因素(详见本书第二章第一节“金融投资智慧指数构建”)考察个体在风险决策中的理性程度,并辅以投资者的认知偏差了解哪些因素会影响投资者的投资理性。基于以上理论和研究结论,本书提出如下假设。

假设 17:由于框架效应的作用,对收益的强调会导致更强的风险偏好,而对损失的强调方面则会导致更低的风险偏好。[①]

假设 18:金融知识可以正向预测金融投资理性。

假设 19:金融投资年限可以正向预测金融投资理性。

假设 20:金融投资年限与金融知识在对金融投资理性的预测中具有交互作用。

二、情绪、判断能力与理性

在情绪与理性的文献梳理中,我们首先探究情绪与理性的基础——认知能力(以记忆为代表)以及判断能力的关系,随后再聚焦于情绪与理性的关系。

首先,情绪和记忆的关系存在一些争论。如一些学者认为消极情绪有助于增强对事件细节的记忆(Kensinger E. A. ,2007),并且事件发生时情绪的消极程度能够预测对该事件回忆量的多少(Bluck S. & Li K. Z. H. ,2001)。实验研究进一步指出消极情绪可以帮助减少错误记忆(Storbeck J. & Clore G. L. ,2005)。而神经影像

① 该研究假设仅针对澳大利亚所做研究。

学研究也表明了加工情绪的脑区在事件细节的编码和提取过程中发挥了作用(Kensinger E. A.,2007)。而另一些学者则认为情绪仅仅是提高了记忆和回忆(能力)的主观感受,而未必是真的提高了记忆的准确性(Sharot T.,Delgado M. R. & Phelps E. A.,2004;Rimmele U. et al.,2011)。还有一些学者则把以上观点加以综合,提出情绪可以增强记忆的准确性,但其对记忆准确性主观感受的增强作用更大(Phelps E. A. & Sharot T.,2008)。

关于情绪对判断能力的影响,有研究认为消极情绪与判断准确性密切正相关(Ebenbach D. H. & Keltner D.,1998),同时实验研究的结果显示抑郁情绪有助于促进个体根据反馈调整其估计和判断并使之更为精准(Keller P. A.,LipkusI M. & Rimer B. K.,2002)。有学者提出愉悦的被试倾向于采用相对被动、非系统化、笼统的方式加工信息,并且依靠外围线索和推测做出判断;而悲伤的被试则更倾向于采用主动、系统性及精细的信息加工方式(Sinclair R. C. & Mark M. M.,1995)。对此,也有一些学者持反对意见,如有研究者表示较之中性情绪,处于积极情绪被试的判断更为准确(Djamasbi S.,Remus W. & O' Connor M.,2004)。而情绪唤醒度方面的研究发现,情绪唤醒度对判断准确性的影响很小(Sinclair R. C. & Mark M. M.,1995)。而21世纪认知神经科学的研究表明,情绪和认知从早期的认知到后来的推理过程一直紧密联系。因此对认知的理解需要把情绪因素纳入考虑(Phelps E. A.,2006)。

情绪与理性的研究与思考由来已久,早期的研究者把所有情绪都当作理性的威胁看待(Sousa R. D.,1979),而现代研究对情绪和理性的关系有着很多不同的观点:一些学者把情绪看作理性的粗糙兜底选择,即相比理性,情绪是次要资源。他们认为在没有完全理性的解决方案时,情绪可以帮助解决问题,依据情绪做出的判断优于随机选择的解决方案(Johnson-Laird P. N. & Oatley K.,1992)。另一些学者将情绪看作理性的补充资源,他们认为情绪为有限理性提供了额外的资源支持(Hanoch Y. ,2002),即使极端情绪被唤醒,它对有限理性依然有帮助作用(Kaufman B. E. ,1999)。还有一些学者认为情绪和理性的关系更加复杂,并相信情绪和理性的交互影响对于理性行为至关重要(Slovic P. et al. ,2004)。另有学者认为情绪和理性是相互渗透的(Ashforth B. E. & Humphrey R. H. ,1995),并认为情绪反应是理性决策的必要组成部分(Sayegh L. ,Anthony W. P. & Perrewe P. L. ,2004),情绪对理性来说十分重要(Mercer J. ,2006)。一些研究甚至表明,对于某些复杂的决策,情感决策策略可能比逻辑思考策略更有效(Mikels J. A. et al. ,2011)。

基于以上理论和研究结论,本书提出如下假设。①

假设 21:较之中性情绪,负向情绪可以提高金融投资理性。

假设 22:较之中性情绪,正向情绪可以降低金融投资理性。

假设 23:较之中等程度唤醒,高唤醒程度可以提高金融投资理性。

假设 24:情绪效价和唤醒度对金融投资理性的影响有交互作用。

三、人格、成就表现与理性

人格和理性之间的研究相对较少。20 世纪 80 年代初的研究发现,非理性与神经质相关(Morelli G. & Andrews L. ,1980)。而 20 世纪 90 年代末的研究不但证实了这一发现,而且揭示了理性思维方式与开放性、尽责性呈现正相关关系(Pacini R. & Epstein S. ,1999)。从结果上看,有学者认为较之认知能力,人格特质可以更好地预测成就表现:尽责性可以正向预测,而外向性可以负向预测(Furnham A. ,Chamorro-Premuzic T. & McDougall F. ,2002)。而另一些研究证明了认知能力等和人格在成就表现预测中有着交互作用(Wright P. M. et al. ,1995)。

① 这四个研究假设仅针对澳大利亚所做研究。

基于以上理论和研究结论,本书提出如下假设。

假设25:神经质可以负向预测金融投资理性。

假设26:开放性可以正向预测金融投资理性。

假设27:尽责性可以正向预测金融投资理性。

假设28:外向性可以负向预测金融投资理性。

假设29:人格特质和金融知识在预测金融投资理性中有交互作用。

四、教育、理性与投资表现

从哲学意义上看,理性是教育的目标之一(Moshman D.,1990)。知识的缺乏往往会阻碍个体对关键信息的提取能力(Reyna V. F.,2012)。知识水平较低的个体受到框架效应的影响也更多(Schuck A. R. T. & De Vreese C. H.,2006)。以计算能力为例,它会影响到个体的判断和行为决策(Liberali J. M. et al.,2012),较低的计算能力会扭曲风险感知并且阻断风险沟通(Reyna V. F. et al.,2009)。通常来说,低计算能力不仅增加了对信息呈现方式的敏感性,而且增加了判断和行为决策中的认知偏差(Reyna V. F. et al.,2009)。而且,计算能力的不同方面可以预测不同的认知偏差和谬误(Liberali J. M. et al.,2012)。而专业教育对金融投资决策和投资表现的影响是非常明显的:金融知识促进了财富的积累(Behrman J. R. et al.,2010)。有学者发现,金融知识较为丰富的个体更可能做投资理财计划并取得成功(Lusardi A. & Mitchell O. S.,2005)。他们往往借助专业的工具、方法及服务进行规划,而较少依靠家人或同事的建议(Lusardi A. & Mitchell O. S.,2005)。他们的资产分散度更高(Guiso L. & Jappelli T.,2008)。相反,金融知识较为匮乏的个体更容易背负较高的债务负担(Lusardi A.,Tufano P.,2009),更可能通过高成本的方式进行交易(Lusardi A.,Tufano P.,2009;Lusardi A.,Scheresberg C. B.,2013)。他们更少地使用金融投资顾问服务(Calcagno R.,Monticone C.,2015),并且更不准确地判断自己的债务状况(Lusardi A.,Tufano P.,2009),同时更为频繁地更改其金融投资组合(Calcagno R.,Monticone C.,2015)。

基于以上理论和研究结论,本书提出如下假设。①

假设30:教育水平可以正向预测金融投资理性。

假设31:金融相关专业的学习可以正向预测金融投资理性。

假设32:金融知识可以正向预测金融投资理性。

假设33:金融投资顾问服务的使用可以正向预测金融投资理性。

① 这四个研究假设仅针对澳大利亚所做研究。

第二章　金融投资智慧指数和金融投资能力认知偏差指数理论建构

由前述理论回顾(框架效应、认知偏差与投资非理性)我们知道框架效应和认知偏差均会带来非理性的投资行为,且这两者均可作为金融投资(非)理性的测量手段反映金融投资理性的不同方面。而下面将要介绍的期望效用理论中不变性准则即为框架效应的对立面,也即期望效用理论包含了对框架效应的考量的同时提供了测查金融投资理性的更多内容,因此我们将以此为理论根源构建出可以反映个体框架效应上差异的金融投资智慧。同时也将借用个体在金融知识上主观评价与客观评价的差异建构出金融投资能力认知偏差指数,从另一个侧面考察金融投资理性。

第一节　金融投资智慧指数构建

期望效用理论于20世纪40年代首次被提出,目前作为风险或不确定性下的理性选择模型已被广泛接受(Fishburn P. C. ,1984),并成为后来发展出来的诸多行为决策相关理论的奠基之作(Starmer C. ,2000)。该理论认为,决策者是通过比较期望效用值(结果效用值乘以结果概率之和)来做出选择的(Mongin P. ,1997)。最初,该理论提出四个重要准则(Von Neumann and Morgenstern,1944;Tversky A. & Kahneman D. ,1986),即取消准则(Cancellation)、传递准则(Transitivity)、占优准则

(Dominance)和不变性准则(Invariance)。之后,很多经济学家对取消准则和传递准则提出过异议(Allais,1953;Ellsberg D.,1961;Tversky A. & Kahneman D.,1986),而占优准则(个体的一个选项在某方面优于另一个选项而其他各方面均不差于另一选项时,应该对该选项偏好更强)和不变性准则(个体对同一个选择问题的偏好不因问题表述的不同而改变)(Von Neumann and Morgenstern,1944;Tversky A. & Kahneman D.,1986)则为绝大多数经济学家所认可(Loomes G. & Sugden R.,1982;Fishburn P. C.,1984)。在传统的经济学研究中,个体被假定为是经济理性的,其在行为决策中都会遵循占优准则和不变性准则。而行为经济学的兴起与发展却证明了这一前提假设与现实情况并不相符。本研究继承行为经济学的基本观点,认为投资者在投资决策中无法做到完全理性,因此其投资决策并不能完全遵照占优准则和不变性准则。为了使个体行为决策中表现出来的理性程度可以度量,本研究设计了一系列投资情境,通过被试在各个投资情境中行为决策对占优准则和不变性准则遵守程度构建了测度个体金融投资智慧的指标。

具体来说,被试被要求在一系列情境中将一定的资金分配于银行存款和风险资产中,其中风险资产的资金配置比例(剩余部分配置于银行存款)可以显示出其对该种类型风险资产的偏好程度。而这一系列情境的差异仅仅体现在风险资产的风险水平和风险呈现方式上(风险资产的预期收益率在所有情境中保持恒定)。假定设立 m 种风险水平,n 种风险呈现方式,那么就有 $m \times n$ 种不同的投资情境,相应地,被试需要做出 $m \times n$ 次投资决策。

根据占优准则,在其他条件恒定的前提下,风险水平相同时,理性投资者应该对预期收益率较高的资产偏好更强;预期收益率相同时,则应该对风险较低的资产偏好更强。在本设计中,所有 $m \times n$ 种情境下风险资产的预期收益率保持不变,变化的只有风险水平及其呈现方式。作为对风险的补偿,风险溢价是维持高风险资产同等投资的原因。而在没有风险溢价的情况下,较之低风险水平的风险资产,理性的投资者应该对高风险的风险资产偏好更低,表现在投资决策中即为配置更少的资产。本研究所有投资情境中风险资产的预期收益率均保持不变,而其风险大小有 m 个水平。根据占优准则,理性的投资者对低风险水平的风险资产资金配置比例应高于中等风险水平的风险资产资金配比,而中等风险水平的风险资产资金配比应高于高风险水平的风险资产资金配比(如在三种风险水平条件下,低风险水平的风险资产资金配比应该最高,中等风险水平的风险资产资金配比次之,高风险水平的风险资产资金配比最低)。如果违反这一理性预期,则说明投资者没有遵守占优准则。故可以通过比较同一风险呈现方式下,被试在相邻风险水平风险资产上资金配置比例的高低来判断被试是否遵守占优准则。这样,在每种风险呈现方式下均可做出 $m-1$ 次两两比较,因此全部 n 种风险呈现方式下的两两相邻风险水平风险资产资金配比的比较共可以进行 $n\times(m-1)$ 次。其中遵守占优准则的比率可以用以衡量被试对占优准则的遵守程度。即,如果 $n\times(m-1)$ 次两两比较中,被试遵守占优准则的次数为 a,那么我们可以用如下公式来表示被试对占优准则遵守的程度,即为占优准则遵守指数:

$$\text{占优准则遵守指数}=\frac{a}{n\times(m-1)}$$

按照不变性准则的要求,当风险资产的预期收益率、风险水平等均保持不变,仅仅是其风险呈现方式有所改变,理性投资者对该风险资产的偏好不应该发生变化。因此,我们可以用被试在同一风险资产不同表述情境下投资者偏好的变化(表现为风险资产资金配比的标准差)来反映其对不变性准则的遵守程度。但被试的个体差异使得偏好发生同等改变时不同个体在风险资产资金配比的调整幅度上有所不同。因此,上述用于反映偏好变化的风险资产资金配比标准差的绝对值不能用于被试间的比较。为了使得不变性准则的遵守程度具有被试间的可比性,需要考虑一些同样受到个体差异影响的因素以对上述标准差进行调整。

在谈论占优准则时,我们提到理性投资者会根据风险的变化而按照一定方向调整其在风险资产上的资金占比。而上述占优准则遵守指数的度量仅仅是考虑了方向因素,在此,我们将变化幅度因素纳入考虑,并结合不变性准则的同时考察风险水平发生变化时被试风险资产资金配比的调整幅度和风险表述发生变化时被试风险资产资金配比的调整幅度,以建构效度更高的测量方法。

具体来说,综合占优准则和不变性准则,理性投资在风险水平改变时,偏好应该有所改变,而在风险水平恒定的前提下,风险呈现方式改变,其偏好不发生变化。这种偏好的改变表现在行为决策上,即为理性投资者应该对风险水平的变化做出反应,而在相同风险水平不同表述的情况下保持选择的恒定。因此,投资者越是理性,其对不同风险水平的风险资产偏好差异就越大,而其在同一风险水平不同表述的情况下,偏好则一致。因此,我们可以用被试在相同风险表述下风险水平不同情境中偏好的变化(表现为风险资产资金配比的标准差)和被试在同一风险资产不同表述情境下偏好的变化(表现为风险资产资金配比的标准差)来分别衡量被试对风险资产的偏好受到风险水平和风险呈现方式的影响。因为两者均包含同一被试的显示偏好倾向(我们可以认为同一被试偏好改变对行为决策的影响在幅度和方向上相一致),因此两者的比值可以排除掉个体因素的影响以更好地衡量投资者对占优准则和不变性准则的遵守程度①。由于对占优准则遵守程度的衡量需要同时结合上述占优准则遵守指数加以考虑,故以下将此比值简单称为投资者对不变性准则遵守指数。具体来说,本研究借助方差拆解的基本思想,运用上述测量(投

---

① 此处对占优准则的衡量只是考虑了个体的偏好是否随风险水平变化而改变,而没有考虑方向问题。其值较低说明被试对占优准则遵守程度较低;而其值较高则有两种可能性,被试对占优准则遵守度较高或逆占优准则而为。因此对后面两种可能性的区分需要借助于占优准则的遵守指数来调节,即需要最后将两个指数合成一个金融投资能力指数。

资任务）所获得的数据构建了被试对不变性准则遵守程度测度指标如下：

$$\sigma_{iR} = \frac{1}{m}\sum_{k=1}^{m}\sigma_{iR_k} \qquad \sigma_{iP} = \frac{1}{n}\sum_{j=1}^{n}\sigma_{iP_j}$$

$$\text{不变性准则遵守指数} = \frac{\sigma_{iP}}{\sigma_{iR}} = \frac{\frac{1}{n}\sum_{j=1}^{n}\sigma_{iP_j}}{\frac{1}{m}\sum_{k=1}^{m}\sigma_{iR_k}}$$

其中 R 代表风险水平，P 代表风险呈现方式，X 代表被试在这种风险水平和风险呈现方式的风险资产中投入了百分之多少的资金，σ_{iR_k} 代表被试在风险资产处于某一相同风险水平 k 的情况下，因风险呈现方式变化而产生的风险资产投资比例的变化（资金配比标准差），σ_{iP_j} 代表被试在风险资产处于某一相同表述 j 的情况下，因风险水平改变而产生的风险资产投资比例的变化（资金配比标准差）。

表 2－1 为被试在 $m \times n$ 种投资情境中风险资产资金配比情况。

表 2-1　被试在 $m \times n$ 种投资情境中风险资产资金配比情况

	P_1	P_2	P_3	…	P_n	
R_1	$X_{iP_1R_1}$	$X_{iP_2R_1}$	$X_{iP_3R_1}$	…	$X_{iP_nR_1}$	σ_{iR_1}
R_2	$X_{iP_1R_2}$	$X_{iP_2R_2}$	$X_{iP_3R_2}$	…	$X_{iP_nR_2}$	σ_{iR_2}
R_3	$X_{iP_1R_3}$	$X_{iP_2R_3}$	$X_{iP_3R_3}$	…	$X_{iP_nR_3}$	σ_{iR_3}
…	…	…	…	…	…	…
R_m	$X_{iP_1R_m}$	$X_{iP_2R_m}$	$X_{iP_3R_m}$	…	$X_{iP_nR_m}$	σ_{iR_m}
	σ_{iP_1}	σ_{iP_2}	σ_{iP_3}	…	σ_{iP_n}	

在不变性准则遵守指数的计算公式中，最终用于比较的是两个标准差均值，原因如下：在考虑风险水平不变风险呈现方式变化对被试偏好的影响时，可以在 m 种不同风险水平下分别计算，而其平均值也更为稳定。类似地，在考虑呈现方式恒

定、风险水平变化对被试偏好的影响时也会得到 n 个值，其平均值更具代表性。

按照上述方法建构的指数，理论上可以很好地反映投资者对不变性准则遵守程度，且与遵守程度呈正相关关系。但一个显而易见的计算问题是，如果某名被试在本研究中非常理性，在同一风险水平不同的风险呈现情境下偏好完全一致，而在风险不同的情境中偏好有所不同，那么计算所得的不变性准则遵守指数将会是一个无限大值。与此对应，理论上出现的问题是本实验中可能发生的"天花板效应"和"地板效应"。由于设计中只选取了 m 种风险水平和 n 种风险呈现方式，不可能覆盖现实生活中所有的风险资产类型，因此测试结果可能会高估有些被试的投资理性。如前所述，某个被试较为理性，在研究中表现为只对风险水平的变化做出反应而完全忽略风险呈现方式的干扰，这样就会出现其因风险呈现方式改变而产生的偏好改变为零的情况。研究中从该被试对不变性准则遵守程度等级上看，该被试的确在所有可能被试中排名第一，但其在现实生活中不可能过滤掉所有干扰，故现实情境中其表现出的投资理性不会如同研究设计中展现的如此之高。

因此，为了避免因为测量中"天花板效应" 而引起的实验测度与现实情况的偏差，本研究在上述不变性准则遵守指数分子、分母上各增加一个调整因子，以消减研究中极端情况对现实反映的扭曲。该调整因子需要满足两个条件：第一，该调整因子可以反映被试对风险资产整体偏好的个体差异①。第二，该调整因子只是对不变性准则遵守指数极端值的调整，不可以改变趋势。综合这两点，目标被试在所有投资情境下风险资产资金配置比例平均值与全部被试在所有投资情境下风险资产资金配置比例平均值的比值是一个很好的选择。调整后的公式如下：

① 如同样是10%风险资产资金配置的变化，对于风险资产平均配置为5%的被试和85%的被试意味着不同程度的偏好改变。加入调整因子之前，分子、分母为同一被试两种不同情况下的标准差，其面临的均值完全相同，因此不存在这个问题。但加入调整因子之后，则需要考虑该因子也会随风险资产平均配置情况变化而变化。

$$\text{调整后不变性准则遵守指数}=\frac{\sigma_{iP}+\frac{\bar{X}_i}{\bar{X}}\%}{\sigma_{iR}+\frac{\bar{X}_i}{\bar{X}}\%}=\frac{\frac{1}{n}\sum_{j=1}^{n}\sigma_{iP_j}+\frac{\bar{X}_i}{\bar{X}}\%}{\frac{1}{m}\sum_{k=1}^{m}\sigma_{iR_k}+\frac{\bar{X}_i}{\bar{X}}\%}$$

该公式之所以要在两个平均值比值的后面加上百分号是因为所有计算均用的是风险资产资金配置百分比,因此其标准差也是以百分数为单位,为了保证单位一致性故此调整因子也需要加上百分号。

如前所述,占优准则遵守指数只考虑了方向因素,而不变性准则遵守指数只考虑了数量大小,单独考量其中一个指数都不够全面。而占优准则遵守指数可以调整由于逆占优准则而为所造成的不变性准则遵守指数虚高的情况,而不变性准则遵守指数可以为只包含方向性信息的占优准则遵守指数增加量上的信息,因而其二者的乘积可以更为准确地同时反映个体投资决策中对占优准则和不变性准则的遵守情况。基于此,本书建构的金融投资智慧指数如下所示,用以衡量被试在投资决策中的理性程度:

$$\text{金融投资智慧指数}=\frac{a}{n\times(m-1)}\times\frac{\frac{1}{n}\sum_{j=1}^{n}\sigma_{iP_j}+\frac{\bar{X}_i}{\bar{X}}\%}{\frac{1}{m}\sum_{k=1}^{m}\sigma_{iR_k}+\frac{\bar{X}_i}{\bar{X}}\%}$$

第二节　金融投资能力认知偏差指数构建

认知偏差是指人们根据一定错误认识而做出判断,从而出现判断失误或判断本身与判断对象的真实情况不符的情况。而在金融投资能力的认知方面,投资者也会因为对自己的金融知识水平以及投资能力认识不够客观而出现偏差。在此,可以借用投资者对自己金融理财知识的主观评价和客观评价差异代表这种认知偏差。该差异越大,说明金融投资能力认知偏差越大。为了保证主客观评价具有单位上的一致性和被试内的可比性,我们需要把两种评价均转化为标准分数再进行比较。具体来说,上述调查中,我们分别获得了每个被试的金融知识得分和金融知识水平自评,将它们各自标准化,由于两组数据来自同一样本,因此转化后的标准分数即可用于比较。

一、投资能力评估偏差指数

基于以上分析,我们把投资能力评估偏差指数界定如下:

$$投资能力评估偏差指数\ Bia = Z[\,|\,Z(SEFL) - Z(FL)\,|\,]$$

其中,*SEFL* 为金融知识主观评价得分,*FL* 为金融知识客观评价得分,即投资能力评估偏差指数为金融知识主观评价与客观评价标准分数差值绝对值的标准分数。之所以要加上绝对值是因为不管投资者对金融知识的自我评估高于客观评价还是低于客观评价,都说明他的认识与真实情况不符,都会带来认知偏差。

二、过度自信偏差指数

与此同时,我们把金融投资方面的过度自信偏差指数界定如下:

$$过度自信偏差指数\ Con = Z[Z(SEFL) - Z(FL)]$$

其中,*SEFL* 为金融知识主观评价得分,*FL* 为金融知识客观评价得分,即过度自信偏差指数为金融知识主观评价与客观评价标准分数差值的标准分数。在此,对于自身金融知识主观评价高于客观评价时即可说明被试过度自信了。

第三章 金融风险偏好与投资理性评估研究

第一节 研究设计

本研究首先通过微观调查的方法探索个体经历层面(包含社会实践因素和教育因素)、人格层面、人际影响层面中金融风险偏好的影响因素,以及金融投资直接经验和金融知识因素、人际影响因素(社会学习)等间接经验在对金融风险偏好影响中的作用机制。其次,借助于测量方法建构金融投资智慧指数和金融投资能力认知偏差指数以探索个体经历层面、人格层面、人际影响层面上金融投资理性(包含金融投资智慧和金融投资能力认知偏差)的影响因素。最后,探究了金融知识和其他个体经历因素、人格因素以及人际影响因素在对金融投资能力认知偏差和金融投资智慧影响方面的共同作用机制,以及金融风险偏好和金融投资理性的影响因素,并揭示这些影响因素对金融风险偏好和金融投资理性影响的作用机制。

为了对文献综述提出的假设进行实证验证,探索目前我国人群金融风险偏好和投资理性的影响机制,设计如下研究:收集个体背景信息及金融行业相关经历信息,设计 9 种情境的投资任务,间接测量个体的风险偏好和投资理性,并直接测量部分潜在的影响因素。研究方法主要采用问卷调查法,问卷由以下几个部分组成:基本情况(人口统计学变量,包括性别、年龄、婚姻状态、教育和工作经验)、个体经历调查(第一部分,包括自我评价、投资表现、人际影响力以及风险偏好和投资经验)、金融知识调查(第二部分)、投资任务(第三部分)和人格调查(第四部分和第五部分)。详细信息的问卷调查,请参阅附录(问卷的中文样本 A 版本。为避免投资任务中的顺序效应,问卷共有三种版本。三种版本的内容完全相同,但投资任务场景的顺序不同)。

一、研究目标

首先,通过微观调查的方法探索个体经历层面(社会实践因素、教育因素)、人格层面、人际影响层面中哪些因素会影响个体的金融风险偏好,并进一步探究上述因素中的金融投资直接经验和金融知识、重要他人金融投资经验及金融机构从业经验等间接经验在对金融风险偏好影响中的作用机制。

其次,通过测量的方法,依据期望效用理论的基本准则建构金融投资智慧指数,并在主客观金融知识评价标准分数差异的基础上建构了两种金融投资能力认知偏差。用金融投资能力认知偏差和金融投资智慧代表投资理性的两个不同侧面,分别探讨了各自在个体经历层面(社会实践因素、教育因素)、人格层面、人际影响层面上的影响因素。

最后,探究了金融知识和其他个体经历因素、人格因素以及人际影响因素在对金融投资能力认知偏差和金融投资智慧影响方面的共同作用,以了解在什么情况下金融知识可以促进金融投资理性。

此外,基于我国和澳大利亚金融市场发展的相似性和差异性,在国内研究的基础上,对现有研究加以改进,提供了实验加调查的设计方案,用以针对澳大利亚投资者的研究,以探究情境因素(情绪效价、情绪唤醒)和产品因素(风险呈现方式、风险水平、风险提示)对金融风险偏好及金融投资理性的影响(因果关系),同时综合考量经济因素(收入、资产结构、家庭出身)、文化因素(种族、地域)、情境因素(情绪效价、情绪唤醒)、产品因素(风险呈现方式、风险水平、风险提示、专业理财服务)、个体因素(人格特质、个人阅历、教育水平及金融知识)、环境因素(人际影响)在金融风险偏好和金融投资理性预测中所起的作用,并比较研究中澳投资者在金融风险偏好和金融投资理性及其影响因素方面的异同。

二、研究创新

本研究在研究内容和研究方法上均有所创新。在研究内容上,首先借助理论推导和研究设计,从认知偏差和预期效用两个视角出发,通过金融投资能力认知偏差相关指数和金融投资智慧指数的建构设计了金融投资理性的量化测度方法,为后续研究提供了基础。其次,研究主题之一——个体层面的金融投资理性影响因素及作用机制研究为选题上的创新。这个主题的研究不仅仅探析了哪类投资者更可能在金融投资中做到理性决策,而且通过深入探究金融知识转化为金融投资能力过程中的促进及抑制因素而尝试回答何种情况下金融投资方面的知识更可能转化为金融投资能力的问题,弥补了文献上的空白。最后,本研究系统地研究了金融风险偏好的影响因素,也是一个创新点。在研究方法上,本研究在研究改进部分把实验的方法引入金融投资理性和金融风险偏好的研究,可以检验金融产品因素和情绪因素对金融投资理性和金融风险偏好的影响(因果关系)。此外,本研究在问卷设计中融入了很多创造性的测查作答态度的指标用以提高研究的内部效度。

第二节 研究方法

一、被试

本研究采用了方便取样法:在北京 12 个单位(含 3 个金融机构)发放问卷 400 份,收回问卷 393 份。同时借助网络和移动终端发放在线版问卷,收到反馈 173 份。

为了提高研究的内部效度,本研究在问卷设计中融入了一些考察被试认真作答程度的指标(如被试年龄、工作年限、金融产品投资年限、是否在金融机构工作、有多少同事在金融机构工作以及人格测试中作答倾向过于明显等),在这些题目上,如果被试作答出现明显冲突,则说明该答题者没有认真作答,该问卷为无效问卷。经样本质量控制,最终有效样本 408 份(其中男性 231 份,女性 175 份,性别数据缺失 2 份)。

二、方法

本研究采用大五人格量表、冲动性人格问卷、金融知识问卷测查被试的人格特质和金融知识水平,并用自编问卷调查被试的个人经历(包括教育水平、专业背景、金融机构从业经验、金融投资年限)、金融投资现状(包括金融资产与银行存款比值、金融投资态度、金融投资表现)、人际影响(包括家人/朋友/同伴的金融机构从业情况和金融投资情况)以及金融知识自我评价。

同时,运用测量方法,设定 9 种金融投资情境(3 风险呈现方式×3 风险水平),要求被试在假定情境中,于银行存款和风险资产之间分配资金。而这 9 种金融投资情境只有风险资产的风险水平和风险呈现方式有所不同,其他内容均保持一致。为了平衡顺序效应,本研究借助拉丁方阵的设计思想,设计了三套问卷,这三套问卷在其他几个部分完全一致,只有投资任务中在投资情境的呈现顺序上有所不同,具体如下:

问卷 A:P1R1 P1R2 P1R3 P2R2 P2R3 P2R1 P3R3 P3R1 P3R2

问卷 B:P2R2 P2R3 P2R1 P3R3 P3R1 P3R2 P1R1 P1R2 P1R3

问卷 C:P3R3 P3R1 P3R2 P1R1 P1R2 P1R3 P2R2 P2R3 P2R1

其中,P1 代表以文字形式提供预期收益范围的概率信息的风险表示方式,P2 代表以图、表形式提供预期收益范围的概率信息的风险呈现方式,P3 代表以文字形式提供预期外超额收益范围的概率信息的风险呈现方式;R1 代表高风险水平,R2 代表中等风险水平,R3 代表低风险水平。

运用这种方法,每种表述在每个问题顺序上出现的次数相同,每种风险水平在每个顺序上出现的次数也相同,因此就可以避免因为题目顺序而可能带来的作答偏差。

第三节　研究变量

调查是本研究采用的主要方法。被试需要回答人口统计学问题、个体经历问题、金融知识问题和性格调查,并完成一项投资任务。每个被试完成整个调查过程大约需要 25 分钟,结果变量和预测变量设计如下。

一、结果变量

(一)金融风险偏好

在本研究中,金融风险偏好包括两个维度:当前金融投资/储蓄的比例以及未来的投资计划。第一个维度反映的是个体的行为,第二个维度反映的是个体的态度。换句话说,第一个维度代表个体在实际生活中的金融风险偏好表现,第二个维度是对第一个维度的补充,主要代表个体对金融风险的态度。

研究采用两个问题来测量个体的金融风险偏好,如表 3-1 所示。将金融投资与储蓄的比率分为 5 个等级:零倍、少于 30%、30%到 60%、61%到 100%以及 100%以上。未来进一步的投资计划则包含两个层次。金融风险偏好计算公式为:$Pre = Z[Z(I) + Z(PI)]$,其中 Pre 代表风险偏好标准分;I 代表目前投资储蓄比的标准分;PI 代表未来进一步投资计划。

表 3-1　金融风险偏好问卷调查内容

序号	部分	题项	问题	选项	计分	说明
1	一	16	我当前持有的金融产品价值总和是我目前银行存款的________。	(1)零倍 (2)少于 30% (3)30%到 60% (4)61%到 100% (5)100%以上	顺序变量	目前金融投资与储蓄比率(行动中的风险偏好)
2	一	17	一年之内,我计划(继续)购买理财产品,如股票、债券、基金、期货、信托产品、理财产品、人寿保险(不包括健康险和意外伤害险)等。________	(1)是 (2)否	虚拟变量	对未来进一步投资的计划(风险偏好态度)

在问卷的第三部分,要求被试想象自己拥有 20 万元人民币的闲置资金,并要求他们将这些资金用于银行存款和金融产品,资金分配到金融产品的百分比被用

来表示金融风险偏好。但是,采用目前投资储蓄的比例和未来进一步的投资计划来衡量的金融风险偏好要更直接、更有效,因此,在之后的研究中分析风险偏好影响因素时,仍然采用 $Pre = Z[Z(I) + Z(PI)]$ 的度量方法来计算风险偏好。

(二)投资能力评估偏差

在本研究中,我们以金融知识主观评价与金融知识客观评价之间的差异来代表金融投资能力评估偏差。投资能力评估偏差指数计算公式为: $Bia = Z[|Z(SEFL) - Z(FL)|]$,其中 $SEFL$ 代表金融知识主观评价得分,FL 代表金融知识客观评价得分 。我们使用标准分来确保金融知识评价主观评价与客观评价之间的可比性,同时采用绝对值是为了确保对金融知识评价的高估和低估都得到考虑,并给予同等的权重。

问卷中有 14 个问题是对个体金融知识的客观评价,2 个问题测量金融知识主观评价。表 3-2 中的 2 个问题测量被试对自己金融知识的主观评价,其中一个问题是金融知识的绝对自我评价,要求被试评估他认为自己对金融知识了解多少。另一个问题测查的是被试对金融知识的相对自我评价,即要求被试通过与他人进行比较,评估自己对金融知识的了解程度。

表 3-2　金融知识自我评估问卷调查内容

序号	部分	题项	问题	选项	计分	说明
1	一	1	我认为自己的理财知识________。	(1)极其贫乏 (2)略懂一点 (3)水平一般 (4)比较丰富 (5)极其精通	顺序变量	金融知识的绝对自我评价

续　表

序号	部分	题项	问题	选项	计分	说明
2	一	2	我认为自己对各种金融产品(股票、债券、基金、期货、信托产品、理财产品、人寿保险等)及金融市场的认识________。	(1)远远不如身边的人 (2)比身边的人略差些 (3)和身边的人差不多 (4)略好于身边的人 (5)远远优于身边的人	顺序变量	金融知识的自我评价

(三)过度自信偏差

与投资能力评估偏差一样,我们用金融知识主观评价与客观评价之间的差异来表示过度自信偏差。过度自信偏差指数的计算公式为: $Con = Z[Z(SEFL) - Z(FL)]$,其中 $SEFL$ 代表金融知识主观评价得分,FL 代表金融知识客观评价得分。我们使用标准分来确保自我金融知识评价与客观金融知识之间的可比性,公式中过度自信偏差与自我评价投资能力评估偏差的差异表现在绝对值符号上。过度自信偏差的计算不采用绝对值,而是采用金融知识主观评价标准分与客观评价标准分差的原始值。

(四)投资表现

最近 5 年的投资表现应该是本研究的另一个结果变量,在问卷中共有 5 个问题来衡量投资表现,具体如表 3-3 所示。

表 3-3 投资表现问卷调查内容

序号	部分	题项	问题	选项	计分	说明
1	一	3	过去 5 年里,我的投资目标,如财产保值、增值、防范风险……________。	(1)顺利达成,甚至超乎期待 (2)大致实现 (3)没能很好实现 (4)完全没有实现	顺序变量	投资表现主观评价
2	一	4	过去 5 年里,我的投资收益率与银行存款利率相比________。	(1)远远高于银行存款利率 (2)略高于银行存款利率 (3)和银行存款利率基本持平 (4)略低于银行存款利率 (5)远低于银行存款利率,甚至为负 (6)没有参与过银行存款以外的投资行为	顺序变量	投资表现客观评价
3	一	5	过去 5 年里,我的投资收益和我所预期的收益相比________。	(1)几乎总是和预期一致,甚至更好 (2)和预期收益略有差距 (3)没能较好实现预期收益 (4)相去甚远 (5)没有参与过银行存款以外的投资行为	顺序变量	投资表现主观评价

续　表

序号	部分	题项	问题	选项	计分	说明
4	一	6	过去 5 年里，我的投资________。	(1)几乎都很成功 (2)多数成功 (3)胜败各半 (4)多数失败 (5)几乎全部失败 (6)没有参与过银行存款以外的投资行为	顺序变量	投资表现主观评价
5	一	7	5 年前我所拥有的闲置资产到现在________。	(1)得到了很好的保值甚至增值 (2)基本做到保值 (3)没能很好保值 (4)贬值及亏损严重	顺序变量	投资表现客观评价

按表 3-3 中序号一列看，第 1 个、第 3 个、第 4 个问题是对投资表现的主观评价，第 2 个、第 5 个问题是对投资表现的客观评价。由于不同的被试有不同的投资目标（有些人倾向于降低风险而不是高回报，有些人则相反），因此需要考虑对投资表现的主观评价。对投资表现的测量采用了两个步骤：首先，我们限制了一些数据分析，如果被试所有的钱都是银行存款[第 2 个和第 4 个问题的第(6)个选项以及第 3 个问题的第(5)个选项，没有金融投资，没有相应的投资表现得分。其次，对那些有金融投资经验的被试，他们对每个问题的回答将被转化为标准分，第 1 个、第 3 个和第 4 个问题的标准分平均值作为投资表现主观评价的得分，第 2 个和第 5 个问题的标准分平均值作为投资表现客观评价的得分。设置第 2 个、第 3 个和第 4 个问题的另一个目的是清理数据，如果被试以银行存款的形式保存了所有的资产，

那么3个问题的答案都应该选择“我所有的钱都存进了银行”。如果问题的答案有出入，我们可以推测被试并没有认真进行调查，数据将会被清理。

(五)金融投资智慧

基于期望效用理论构建的投资智慧是本研究的最后一个结果变量。投资智慧的构建也是本研究最具创新性的部分之一。简单来说，投资智慧高的被试在投资中遵循占优准则和不变性准则。遵循占优准则，当收益相同时，被试应该选择风险较低的金融资产；当风险水平不变时，被试应该选择收益较高的金融资产。遵循不变性准则，投资者在预期收益、风险水平等均保持不变仅仅是风险呈现方式改变的情况下，对该资产的偏好不应该发生变化。为了检验是否遵循占优准则和不变性准则，在问卷中设计了不同的投资任务，共有9个问题(提供9个投资场景)，在问卷的第三部分呈现。在这9个问题中，每一个问题都有一个简短的说明，假设被试有一笔钱，他们有银行存款和金融产品两种投资选择，要求被试给出他们想要分配到金融产品上的钱的比例，这9个问题的不同在于金融产品的风险水平和风险表现。具体来说，金融产品有3种不同的风险水平：90%的机会收益率在-14%到+25.5%之间；90%的机会收益率在-25%到+40%之间；90%的机会收益率在-34.5%到+55.5%之间。金融产品也有3种不同的风险表现形式，这9个问题的金融产品是3种风险水平和3种风险表现的组合。为了控制顺序效应，采用了拉丁方阵。

二、预测变量

(一)人格

人格是本研究中最重要的预测变量之一，采用大五人格量表和中国版Barratt冲动性人格问卷表进行测量。

第一份人格问卷是大五人格问卷,共 44 项(BFI-44)。该量表是根据 Glldberg 提出的大五人格理论开发的。5 个维度分别为外向性、亲和性、责任心、神经质和宜人性(Benet-Martinez V.,& John O. P.,1998;John O. P.,Naumann L. P.,& Soto C. J.,2008)。5 个维度在 3 个月间隔时的再测信度在 0.80~0.90,自我报告与他人评价的相关性在 0.47~0.67(John O. P.,Naumann L. P.,& Soto C. J.,2008)。Barratt 冲动性人格问卷被广泛用于测量冲动性,量表包括 30 个项目,分为 3 个子维度(冲动计划、运动冲动和认知冲动)。量表总分的内部一致性系数为 0.79~0.83,应用范围广泛,适用于大学生、药物滥用患者、普通精神病患者和囚犯等不同人群(Patton J. H. M. S & Barratt E. S.,1995)。

(二)金融经验

如表 3-4 所示,衡量金融相关经验的问题有两个:金融服务业工作经验和风险投资经验。

表 3-4 金融经验问卷调查内容

序号	部分	题项	问题	选项	计分	说明
1	一	11	我______在金融机构(包括银行、证券公司、保险公司、信托公司、期货公司等)工作。	(1)现在 (2)曾经在,现在不 (3)从来没有	顺序变量	金融服务业工作经验

续　表

序号	部分	题项	问题	选项	计分	说明
2	一	15	我______购买上述金融产品的经验。	(1)没有 (2)有1年以内(含1年) (3)有1~5年(含5年) (4)有5~10年(含10年) (5)有10年以上	顺序变量	金融风险投资经验

对于金融服务行业经验,我们使用虚拟变量 *WE*1 和 *WE*2 来表示金融服务行业的工作经验。具体来说,*WE*1 代表金融服务业工作经验(no=-2;yes=1),*WE*2 代表目前从事金融服务行业(no=-1,yes=1)。

投资经验指的是被试有多长时间的风险投资经验。在本研究中,我们选择投资年限来表示投资经验,投资年限划分为5个等级:没有投资经验、少于1年投资经验(含1年)、1~5年投资经验(含5年)、5~10年投资经验(含10年)、10年以上投资经验。

(三)金融知识

在本研究中,我们使用了 Hazel Bateman 教授在研究中使用的衡量金融能力的问卷来测查被试的金融知识(Bateman H.,Eckert C.,Geweke J.,et al.,2014)。金融知识包括计算能力、简单金融知识和复杂金融知识3个维度。根据 Hazel 的分类,计算能力与一般认知能力有关,测查的是被试关于分数、百分比、除法、乘法和简单概率等概念的认知;简单金融知识包括复利、通货膨胀、货币的时间价值和货币幻觉;复杂金融知识涵盖了债券和股票之间的差异以及风险和多样化的影响。金融知识的计算公式为:$FL=[Z(Nu)+Z(BFL)+Z(SFL)]/3$,其中 Z 代表标准分，Nu 代表计算能力标准分，BFL 代表简单金融知识标准分，SFL 代表复杂金融知识标准分。

问卷中有 14 个关于金融知识的问题，如表 3-5 所示。金融知识的前 5 个问题用于衡量计算能力，第 6~9 个问题用于衡量简单金融知识，最后 5 个问题用于衡量复杂金融知识。

表 3-5　金融知识问卷调查内容

序号	部分	题项	问题	选项	计分	说明
1	二	1	一个六面的骰子，投掷 1000 次，其中偶数朝上的会有________次。	数值	正确得 1 分，错误得 0 分	计算能力
2	二	2	如果某种疾病的患病率是 10%，那么 1000 人中有________人可能会得这种疾病。	数值	正确得 1 分，错误得 0 分	计算能力
3	二	3	一辆二手车的售价是 6 万元。这个价格是新车价格的 2/3。则一辆新车售价________万元。	数值	正确得 1 分，错误得 0 分	计算能力
4	二	4	在一次开奖中，共 5 个人中奖，奖金总额是 2000 元，他们每个人将获得________元。	数值	正确得 1 分，错误得 0 分	计算能力

续　表

序号	部分	题项	问题	选项	计分	说明
5	二	5	假如你的收入增加一倍，而所有的商品价格也增长了一倍。那么你的收入能买到的东西________。	(1)更多 (2)更少 (3)同样多 (4)不知道	选择第(3)项得1分，其他得0分	计算能力
6	二	6	假如你有100元，存在储蓄账户里，而年利率是2%，你认为5年后这个账户中你将拥有________。	(1)多于102元 (2)102元 (3)少于102元 (4)不知道	选择第(1)项得1分，其他得0分	简单金融知识
7	二	7	你的储蓄账户的年利率是1%，而年通货膨胀率是2%。如果你把一笔钱留在账户中，那么你认为5年后你在这个账户中的钱可以买到的东西和今天比________。	(1)更多 (2)更少 (3)同样多 (4)不知道	选择第(2)项得1分，其他得0分	简单金融知识
8	二	8	小王今天继承了10000元的遗产，而他弟弟3年以后也将会继承10000元的遗产。那么3年后，谁会因为这笔遗产更为富有？________。	(1)小王 (2)小王弟弟 (3)同样多 (4)不知道	选择第(1)项得1分，其他得0分	简单金融知识

续　表

序号	部分	题项	问题	选项	计分	说明
9	二	9	你的储蓄账户中有 100 元,年利率是 20%,而你从来没有从该账户中取过钱。那么 5 年后,在这个账户中你将一共拥有________。	(1)多于 200 元 (2)200 元 (3)少于 200 元 (4)不知道	选择第(1)项得 1 分,其他得 0 分	简单金融知识
10	二	10	股票和债券的风险较大的是________。	(1)股票 (2)债券 (3)一样 (4)不知道	选择第(1)项得 1 分,其他得 0 分	复杂金融知识
11	二	11	以下哪种组合的风险最小? ________。	(1)单只股票 (2)股票指数基金 (3)两只股票 (4)不知道	选择第(2)项得 1 分,其他得 0 分	复杂金融知识
12	二	12	从长期(比如 10 年或者 20 年)来看,哪种资产回报较高? ________。	(1)债券 (2)银行储蓄 (3)股票 (4)都一样 (5)不知道	选择第(3)项得 1 分,其他得 0 分	复杂金融知识

续　表

序号	部分	题项	问题	选项	计分	说明
13	二	13	通常情况下,哪种资产的价值波动最大?________。	(1)债券 (2)银行储蓄 (3)股票 (4)都一样 (5)不知道	选择第(3)项得1分,其他得0分	复杂金融知识
14	二	14	当某投资者将他的财富分散到多种资产,则亏损的风险会________。	(1)增加 (2)减小 (3)不变 (4)不知道	选择第(2)项得1分,其他得0分	复杂金融知识

(四)工作经验

问卷中与工作经验相关的问题可以分为两类:一般工作经验(工作经验年限问题)和金融服务业工作经验(金融服务业工作经验问题)。工作年限问题在问卷的基本情况部分,见表3-6。关于金融服务业工作经验的问题在前面的金融相关经验中已做说明。

表3-6　工作经验问卷调查内容

序号	部分	题项	问题	选项	计分
1	基本情况	1	性别	(1)男性　(2)女性	虚拟变量

续 表

序号	部分	题项	问题	选项	计分
2	基本情况	2	年龄	(1)25 岁以下(含 25 岁) (2)25~35 岁(含 35 岁) (3)35~45 岁(含 45 岁) (4)45~55 岁(含 55 岁) (5)55 岁以上	等距变量
3	基本情况	3	婚姻状态	(1)未婚 (2)已婚 (3)离异或丧偶	虚拟变量
4	基本情况	4	最高学历	(1)高中/中专以下(含高中/中专) (2)大学专科 (3)大学本科 (4)硕士研究生 (5)博士研究生	顺序变量
5	基本情况	5	所获学位中是否有经济学、金融学或会计学	(1)是 (2)否	虚拟变量

续 表

序号	部分	题项	问题	选项	计分
6	基本情况	6	工作年限	(1)5年以内(含5年) (2)5~10年(含10年) (3)10~15年(含15年) (4)15~20年(含20年) (5)20~30年(含30年) (6)30年以上	等距变量

(五)教育

问卷中有两个关于教育的问题:第一个问题是关于被试一般通识教育水平;第二个问题是关于被试金融投资专业教育水平。具体来说,第一个问题是衡量被试接受了多少教育,而第二个问题是为了解被试是否接受过金融投资方面的特殊培训。这两个问题的主要目的是研究教育(一般教育和专业教育)对风险偏好和投资表现的影响。教育方面的两个问题在问卷的基本情况部分,对应第4个和第5个问题。

(六)人际影响

对人际影响变量的研究主要是为了揭示被试的风险投资决策是如何受到其身边人经验的影响。在本研究中,人际影响分为3个维度:朋友影响、家人影响和同伴影响,每个维度包括两部分。以朋友影响为例,其子维度包括朋友有金融投资经验的比例和朋友从事金融服务行业的比例。

本研究设计了一份自我报告问卷,将具有金融投资经验的朋友/家人/同伴分为5个等级,从事金融服务行业的朋友/家人/同伴分为4个等级。朋友/家人/同伴影响的计算公式为：$FrIn = Z[Z(FrWE) + Z(FrIE)]$，$FaIn = Z[Z(FaWE) + Z(FaIE)]$，$CoIn = Z[Z(CoWE) + Z(CoIE)]$，其中 $FrIn$ 代表朋友影响标准分；$Z(FrIE)$ 代表朋友投资经验比例标准分，$Z(FrWE)$ 代表朋友从事金融服务行业比例标准分，$FaIn$ 代表家人影响标准分，$Z(FaIE)$ 代表家庭成员投资经验比例标准分，$Z(FaWE)$ 代表家人从事金融服务行业比例标准分，$CoIn$ 代表同伴影响标准分，$Z(CoIE)$ 代表同伴有金融投资经验比例标准分，$Z(CoWE)$ 代表同伴从事金融服务行业比例标准分。人际关系的影响是通过被试的自我报告来测量的，被试的回答虽然不能完全准确反映其亲近的人的实际经验和选择的客观实际，但却恰恰反映了被试对他们金融经验和选择的感知。主要相关问题如表 3-7 所示。

表 3-7　人际影响问卷调查内容

序号	部分	题项	问题	选项	计分	说明
1	一	8	据我所知，在我的家人中________购买过金融产品，如股票、债券、基金、期货、信托产品、理财产品、人寿保险（不包括健康险和意外伤害险）等。	(1)几乎所有人都 (2)大多数人都 (3)有一半左右 (4)少数的人 (5)几乎没有人	顺序变量	家人金融投资经验

续　表

序号	部分	题项	问题	选项	计分	说明
2	一	9	据我所知，在我的同事/同学中________购买过金融产品，如股票、债券、基金、期货、信托产品、理财产品、人寿保险（不包括健康险和意外伤害险）等。	(1)几乎所有人都 (2)大多数人都 (3)有一半左右 (4)少数的人 (5)几乎没有人	顺序变量	同伴金融投资经验
3.	一	10	据我所知，在我的朋友中________买过金融产品，如股票、债券、基金、期货、信托产品、理财产品、人寿保险（不包括健康险和意外伤害险）等。	(1)几乎所有人都 (2)大多数人都 (3)有一半左右 (4)少数的人 (5)几乎没有人	顺序变量	朋友金融投资经验
4	一	12	我的家人________在金融机构（包括银行、证券公司、保险公司、信托公司、期货公司等）工作。	(1)很多 (2)有些 (3)很少 (4)几乎没有人	顺序变量	家人金融行业工作经验
5	一	13	我的同事/同学________在金融机构（包括银行、证券公司、保险公司、信托公司、期货公司等）工作。	(1)很多 (2)有些 (3)很少 (4)几乎没有人	顺序变量	同伴金融行业工作经验

续 表

序号	部分	题项	问题	选项	计分	说明
6	一	14	我的朋友________在金融机构（包括银行、证券公司、保险公司、信托公司、期货公司等）工作。	(1)很多 (2)有些 (3)很少 (4)几乎没有人	顺序变量	朋友金融行业工作经验

（七）人口统计学变量

本研究也考虑了人口统计学变量的影响，前三个问题是确定被试的年龄、性别和婚姻状态。对于婚姻状态这一问题的选择，主要根据双方的亲密程度和相互依赖程度进行排序，从理论上讲，不同婚姻状态的被试在风险偏好和金融决策上存在差异。设计这些问题的主要目的是检验年龄、性别和婚姻状态对风险偏好和投资智慧的影响能否得到实证。此外，在分析其他变量之间的关系时，以年龄和性别作为控制变量。

第四章　金融风险偏好影响因素及作用机制分析

本章是我国样本实证研究结果的第一部分，主要探讨了金融风险偏好与其影响因素之间的关系以及可能的作用机制。具体来说，首先将个体经历因素、人格因素和人际影响因素对金融风险偏好的影响按照顺序进行分析。同时考虑不同的影响因素，提出可能的影响机制，并建立模型来检验这些因素对风险偏好的影响。

在本研究中，金融风险偏好是通过问卷第一部分的问题 16 和问题 17 来测查的。问题 16 衡量了目前金融投资与储蓄的比率，以此来反映个体在行动中的金融风险偏好。问题 17 则主要是通过研究投资者未来的投资计划，从而分析个体对金融风险偏好的态度。将每个问题的答案值转化为标准分，两个答案的标准分平均值即为个体的金融风险偏好值。现将研究结果总结如下。

第一节　金融风险偏好影响因素分析

一、金融风险偏好与人口统计学变量的关系

要了解金融风险偏好及其影响因素，首先需要大致了解哪些人更有可能具有高风险偏好。我们可以在日常生活中根据人口统计学变量（如年龄、性别等）将人们分成不同的组，也可以在一开始就从这个角度进行观察。为了初步揭示不同人

群的金融风险偏好是否存在差异，我们对人口统计学变量对风险偏好的影响进行了相关分析，结果如表 4-1 所示。

表 4-1　风险偏好与人口统计学变量的相关矩阵

	Pre	*I*	*PI*	*Gen*	*Age*	*MS*	*Ed*	*DE*
Pre	1							
I	0.869**	1						
PI	0.859**	0.493**	1					
Gen	0.028	0.055	-0.004	1				
Age	0.214**	0.174**	0.198**	0.090	1			
MS	0.259**	0.245**	0.202**	-0.004	0.648**	1		
Ed	0.132**	0.118*	0.116*	0.211**	-0.063	-0.036	1	
DE	0.130**	0.106*	0.120*	0.077	0.032	0.003	0.167**	1

注：1. ** 和 * 表示系数在 0.01 和 0.05 水平上显著，下同。

2. *Pre* 代表金融风险偏好标准分；*I* 代表当前金融投资储蓄比的标准分（行动上的风险偏好）；*PI* 代表未来进一步的投资计划（态度上的风险偏好）；*Gen* 代表性别（female =-1，male=1）；*Age* 代表年龄；*MS* 代表婚姻状态（未婚=-1，已婚=1）；*Ed* 代表教育（通识教育）；*DE* 代表经济学、金融学或会计学专业（专业教育：no=0，yes=1），下同。

3. $Pre = Z[Z(I) + Z(PI)]$（解释请参考第三章第三节研究变量中的数据分析）。

4. 婚姻状态问卷有 3 种选择：未婚、已婚、离异或丧偶，应采用正交编码变量来表示婚姻状态的 3 个层次。但在样本中，只有 3 名参与者选择了离异或丧偶。因为离异或丧偶的样本量太小，不具有代表性，所以在数据分析中，离异或丧偶的参与者被分为未婚。

具体来说，采用皮尔逊相关分析来计算金融风险偏好与人口统计学变量的相关系数，结果如下。

(1)金融风险偏好与年龄呈正相关,年龄较大的人对风险的惧怕程度一般小于年龄较小的人,即年龄较大的个体对金融风险的偏好程度较高。

(2)金融风险偏好与婚姻状态显著相关,与未婚者相比,已婚者的金融风险偏好更高。

(3)金融风险偏好与受教育程度呈正相关,受教育程度高的人对风险的惧怕程度普遍低于受教育程度低的人。

(4)金融风险偏好与专业教育显著相关。主修经济学、金融学或会计学的个体风险偏好较高。

(5)男性和女性参与者的金融风险偏好无显著差异。

二、金融风险偏好与个体经历的关系

从前面的分析可以看出,年龄越大、已婚、受教育程度越高,接受过系统的经济学、金融学或会计学专业教育的个体在金融投资中的风险惧怕度越低,即金融风险偏好程度高。基于这个发现,我们可以通过了解基本背景来大致确定个体的金融风险偏好。但为了更精准地预测被试的金融风险偏好,揭示相关的影响因素,我们重点研究个体的经历因素。具体来说,个体经历因素包括工作经验(一般工作经验和金融服务业工作经验)、金融投资年限和金融知识(包括计算能力、简单金融知识和复杂金融知识)。通过相关分析初步检验个体经历变量对金融风险偏好的影响,结果见表4-2。

表4-2　金融风险偏好与个体经历变量的相关矩阵

	Pre	*I*	*PI*	*YoW*	*WE*1	*WE*2	*YoI*	*FL*	*Nu*	*BFL*	*SFL*
Pre	1										
I	0.869**	1									

续 表

	Pre	I	PI	YoW	WE1	WE2	YoI	FL	Nu	BFL	SFL
PI	0.859**	0.493**	1								
YoW	0.166**	0.148**	0.140**	1							
WE1	0.063	0.076	0.034	-0.026	1						
WE2	0.009	-0.055	0.072	0.018	-0.352**	1					
YoI	0.624**	0.556**	0.524**	0.430**	0.109*	-0.088	1				
FL	0.226**	0.209**	0.180**	-0.085	0.116*	-0.066	0.082	1			
Nu	0.104*	0.102*	0.078	-0.182**	-0.021	-0.092	-0.060	0.634**	1		
BFL	0.179**	0.147**	0.162**	0.065	-0.048	-0.045	0.171**	0.752**	0.236**	1	
SFL	0.195**	0.192**	0.140**	-0.081	0.168**	-0.013	0.051	0.752**	0.210**	0.345**	1

注：*YoW* 代表工作年限，用于表示一般工作经验；*WE*1 和 *WE*2 分别代表在金融服务行业的工作经验，是正交编码的虚拟变量，具体来说，*WE*1 代表金融服务业工作经验（no = -2；yes = 1），*WE*2 代表目前是否从事金融服务业工作（no = -1，yes = 1）；*YoI* 代表金融投资年份标准分，用于表示金融投资经验的时长；*FL* 代表金融素养标准分；*Nu* 代表计算标准分；*BFL* 代表基本财务素养标准分；*SFL* 代表复杂金融素养标准分，下同。

具体来说，运用皮尔逊相关分析来计算风险偏好与个人经验（包括金融知识、工作经验和金融投资年限）的相关系数，结果如下。

（1）金融风险偏好与工作年限显著正相关；也就是说，工作经验越丰富的人，风险偏好程度越高。

（2）金融风险偏好与金融投资经历时间（金融投资年限）显著正相关。换句话说，金融投资年限较长的人倾向于风险偏好程度较高。

（3）金融风险偏好与金融素养及其 3 个维度（计算能力、简单金融知识和复杂金融知识）均显著正相关。换句话说，拥有更强计算能力以及更多简单金融知识和复杂金融知识的人,往往具有更高的风险偏好。

(4)如果单独考虑这一因素时,有无金融服务业从业经验的个体在金融风险偏好上没有显著差异;目前,从事金融服务行业的个体与曾经从事金融服务行业过的个体在风险偏好上没有显著差异。也就是说,与没有金融服务业工作经验的个体相比,有金融服务业工作经验的个体在风险偏好上并无差异。而对于有此类经验的人来说,无论目前是否还从事金融服务行业,他们的风险偏好都是不变的。

为了更好地理解个人经验风险偏好的影响,下面来用逐步回归分析,将金融风险偏好作为预测变量,将人口统计学变量(年龄、性别和婚姻状态)作为控制变量,将个人经验因素(包括工作年限、金融服务业工作经验、金融投资年限、计算能力、简单金融知识和复杂金融知识)作为预测变量。逐步回归结果如表 4-3 所示。

表 4-3　个体经历因素对金融风险偏好的逐步回归分析

模型	预测变量	标准化的 β	t	P	调整 R^2
1	(常量)		1.099	0.272	0.386
	YoI	0.622	15.858	0.000	
2	(常量)		1.021	0.308	0.411
	YoI	0.614	15.948	0.000	
	SFL	0.163	4.228	0.000	
3	(常量)		0.656	0.512	0.422
	YoI	0.621	16.266	0.000	
	SFL	0.138	3.529	0.000	
	Nu	0.116	2.979	0.003	

续　表

模型	预测变量	标准化的 β	t	P	调整 R^2
4	（常量）		0. 887	0. 376	0. 427
	YoI	0. 629	16. 455	0. 000	
	SFL	0. 137	3. 520	0. 000	
	Nu	0. 124	3. 180	0. 002	
	*WE*2	0. 079	2. 064	0. 040	
5	（常量）		2. 296	0. 022	0. 432
	YoI	0. 668	15. 841	0. 000	
	SFL	0. 130	3. 351	0. 001	
	Nu	0. 111	2. 831	0. 005	
	*WE*2	0. 083	2. 174	0. 030	
	YoW	−0. 093	−2. 173	0. 030	

如表 4−3 所示，个体经历因素对金融风险偏好的逐步回归分析结果显示：3 个经验因素（金融投资年限、工作年限、目前是否从事金融服务行业）和两个金融知识因素（复杂金融知识和计算能力）进入最终的金融风险偏好模型的回归方程中，预测能力为 43. 2%（注：控制变量不进入模型）。这意味着，目前从事金融服务行业的人，金融投资年限较长，金融知识较好，工作经验较少，更有可能具有高风险偏好。这个发现非常有趣：虽然我们只考虑在金融服务行业的工作年限，但目前是否从事金融服务行业与风险偏好并不相关。当我们考虑金融知识、工作年限和金融投资年限时，其对金融风险偏好的影响更为明显（虽然影响较小）。另一个有趣的问题与工作年限有关。当我们只考虑工作年限时，它与金融风险偏好正相关，但当考虑到金融服务行业工作经验、金融知识以及金融投资年限时，其与金融风险偏好

呈负相关关系。所有这些发现都表明,在这些变量之间可能存在一些更复杂的关系,这将在后面加以说明。

金融风险偏好与金融投资年限的高度正相关可能有两种解释:金融风险偏好程度越高,越会促使人们更多地参与金融投资;而较高的金融风险偏好同时也来自较长的投资年限。为了检验这两个相悖的假设,我们剔除了所有没有金融投资经验的参与者的数据,并与有金融投资经验的参与者的数据进行了相关回归分析。如果存在显著的相关和回归,说明金融投资年限越长,金融投资的风险偏好确实越高,因为金融风险偏好对每个人参与金融投资的最初的影响是不变的:每个人都已经开始投资金融产品。为了初步检验金融风险偏好与投资年限之间的关系,我们进行了相关分析,结果见表 4-4。

表 4-4　具有金融投资经验的参与者风险偏好与金融投资年限的相关矩阵

	Pre	*Age*	*YoI*
Pre	1		
Age	-0.012	1	
YoI	0.216**	0.444*	1

具体来说,我们运用皮尔逊相关分析来计算具有金融投资经验的参与者的风险偏好与金融投资年限的相关系数。结果表明,对于有金融投资经验的参与者,其投资年限与金融投资的风险偏好显著正相关。

为了更好地了解金融投资年限对有金融投资经验的参与者的风险偏好的影响,我们以风险偏好为预测变量,年龄为控制变量,金融投资年限为预测变量进行回归分析。强迫回归结果见表 4-5。

表 4-5　金融投资年限对有金融投资经验的参与者的风险偏好的强迫回归分析

预测变量	标准化的 β	t	P	调整 R^2
(常量)		5.637	组织	0.053
YoI	0.272	4.361	组织	
Age	-0.134	-2.148	0.033	

从表 4-5 可以看出,对于具有金融投资经验的参与者来说,考虑到年龄作为控制变量,金融投资年限对风险偏好的影响显著。这支持了金融投资年限是风险偏好的影响因素这一假设。由于金融投资年限对具有金融投资经验的参与者的风险偏好有显著影响,因此我们可以合理推断,是否拥有金融投资经验对风险偏好也有显著影响。而对投资经验与风险偏好之间关系的进一步分析则采用了本研究中整个样本的数据。

三、风险偏好与人格因素的关系

现在我们不仅知道有更好的成长机会、已结婚、受过良好教育具备如经济学、金融学或会计学等系统知识的人有更高的对金融风险投资偏好,而且目前从事金融服务行业的人多具备较丰富的金融投资经验和金融知识。我们有更多的知识来识别高风险偏好的人。但是个人的一些更内在的因素还没有考虑到。这是个性。正如在文献综述中提到的,人格对人的行为和态度的影响如此之大,以至于忽视人格的行为和态度的研究是不完整的。因此,我们将分析个性与风险偏好之间的关系。在本研究中,我们采用了两种人格量表,相关分析结果如表 4-6 所示。

表 4-6　风险偏好与人格因素的相关矩阵

	Pre	*I*	*PI*	*Ex*	*Neu*	*Co*	*Op*	*Ag*	*Imp*	*IP*	*IM*	*IC*
Pre	1											
I	0.869**	1										
PI	0.859**	0.493**	1									
Ex	0.123*	0.073	0.132**	1								
Neu	-0.068	-0.073	-0.039	-0.386**	1							
Co	0.173**	0.156**	0.143**	0.286**	-0.403**	1						
Op	0.149**	0.118*	0.140**	0.368**	-0.123*	0.268**	1					
Ag	0.035	-0.029	0.083	0.223**	-0.521**	0.331**	0.168**	1				
Imp	-0.168**	-0.146**	-0.139**	-0.163**	0.412**	-0.630**	-0.293**	-0.466**	1			
IP	-0.183**	-0.152**	-0.159**	-0.258**	0.259**	-0.593**	-0.277**	-0.337**	0.847**	1		
IM	-0.062	-0.077	-0.025	0.045	0.435**	-0.458**	-0.080	-0.404**	0.728**	0.351**	1	
IC	-0.160**	-0.118*	-0.154**	-0.187**	0.278**	-0.439**	-0.369**	-0.369**	0.812**	0.669**	0.337**	1

注：*Ex* 代表外向性标准分；*Neu* 代表神经质标准分；*Co* 代表尽责性标准分；*Op* 代表开放性标准分；*Ag* 代表宜人性标准分；*Imp* 代表冲动性标准分；*IP* 代表冲动性计划标准分；*IM* 代表运动冲动性标准分；*IC* 代表认知冲动性标准分。

具体运用皮尔逊相关分析来计算风险偏好与人格的相关系数，结果如下。

（1）金融风险偏好与外向性显著正相关，即外向的个体风险惧怕程度总体上低于内向。

（2）金融风险偏好与尽责性显著正相关，尽责性越强的个体总体风险惧怕度越低。

（3）金融风险偏好与开放性显著正相关，开放性越强的个体总体上风险惧怕度越低。

(4)金融风险偏好与冲动性及其两个维度(冲动性计划和认知冲动性)显著负相关。而在风险偏好和运动冲动性之间没有发现显著的相关性。

(5)金融风险偏好与神经质、亲和性无显著相关。

为了更好地了解人格因素对风险偏好的影响,以风险偏好为预测变量,人口统计学变量(年龄、性别、婚姻状态)为控制变量,人格因素(外向性、神经质、尽责性、开放性、亲和性)为预测变量进行回归分析。逐步回归结果如表 4-7 所示。

表 4-7 人格因素金融风险偏好的逐步回归分析

模型	预测变量	标准化的 β	t	P	调整 R^2
1	(常量)		3. 095	0. 002	0. 064
	MS	0. 253	5. 171	0. 000	
2	(常量)		3. 039	0. 003	0. 088
	MS	0. 260	5. 375	0. 000	
	Op	0. 156	3. 218	0. 001	
3	(常量)		3. 010	0. 003	0. 098
	MS	0. 247	5. 064	0. 000	
	Op	0. 129	2. 586	0. 010	
	Co	0. 103	2. 051	0. 041	
4	(常量)		3. 076	0. 002	0. 110
	MS	0. 272	5. 475	0. 000	
	Op	0. 139	2. 790	0. 006	
	Co	0. 137	2. 629	0. 009	
	Ag	− 0. 120	− 2. 310	0. 021	

如表 4-7 所示,将开放性、严密性、亲和性这三种人格特质与婚姻状态纳入风险偏好的回归方程,预测能力为 11.0%。虽然预测能力不是很高,但考虑到人类行为的复杂性,这种预测能力不仅在统计上显著,而且在实践中显著。就像在风险偏好和个体经历因素的分析中一样,一些在与风险偏好相关分析中不显著的因素在回归分析中变得显著。这进一步证明了这些因素之间的关系更加复杂,需要更复杂的方法来揭示其潜在的作用机制。

四、金融风险偏好与人际影响因素的关系

到目前为止,我们已经研究了个性化因素对风险偏好的影响,但不能忽视的是,人是社会性动物,一个人的态度或决定必然会受到周围人的影响,金融风险偏好也不例外。因此,要全面了解金融风险偏好的影响因素,就必须考虑人际影响。通过相关分析初步检验人际影响变量对金融风险偏好的影响,结果见表 4-8。

表 4-8　金融风险偏好与人际影响因素的相关矩阵

	Pre	*I*	*PI*	*FaIn*	*FaIE*	*FaWE*	*CoIn*	*CoIE*	*CoWE*	*FrIn*	*FrIE*	*FrWE*
Pre	1											
I	0.869**	1										
PI	0.859**	0.493**	1									
FaIn	0.219**	0.192**	0.189**	1								
FaIE	0.272**	0.251**	0.221**	0.827**	1							
FaWE	0.094	0.071	0.095	0.835**	0.382**	1						
CoIn	0.387**	0.334**	0.336**	0.485**	0.449**	0.358**	1					
CoIE	0.451**	0.388**	0.391**	0.393**	0.484**	0.172**	0.820**	1				
CoWE	0.188**	0.164**	0.164**	0.405**	0.257**	0.415**	0.827**	0.356**	1			
FrIn	0.382**	0.342**	0.320**	0.497**	0.453**	0.374**	0.841**	0.686**	0.699**	1		

续　表

	Pre	*I*	*PI*	*FaIn*	*FaIE*	*FaWE*	*CoIn*	*CoIE*	*CoWE*	*FrIn*	*FrIE*	*FrWE*
FrIE	0.434**	0.385**	0.365**	0.445**	0.476**	0.266**	0.718**	0.790**	0.396**	0.844**	1	
FrWE	0.213**	0.193**	0.176**	0.395**	0.290**	0.367**	0.704**	0.370**	0.785**	0.845**	0.427**	1

注：***FaIn*** 代表家庭成员影响力标准分；***FaIE*** 代表具有金融投资经验的家庭成员比例标准分；***FaWE*** 代表家庭成员从事金融服务行业比例标准分；***CoIn*** 代表同伴影响力标准分；***CoIE*** 代表有金融投资经验的同伴比例标准分；***CoWE*** 代表金融服务业同伴比例标准分；***FrIn*** 代表朋友影响力标准分；***FrIE*** 代表有金融投资经验的朋友比例标准分；***FrWE*** 代表从事金融服务行业的朋友比例标准分，下同。

具体来看，使用皮尔逊相关分析来计算金融风险偏好与人际影响因素的相关系数，结果如下。

（1）金融风险偏好与朋友影响力及其两个维度（朋友有金融投资经验的比例、朋友从事金融服务行业的比例）显著正相关。换句话说，朋友从事金融服务行业较多或有金融投资经验的朋友较多的个体更有可能具有较高的风险偏好。

（2）金融风险偏好与家庭成员的影响及其一个维度（家庭成员有金融投资经验的比例）显著正相关。而风险偏好与家庭成员从事金融服务行业的比例没有显著相关关系。

（3）金融风险偏好与同伴影响及其两个维度（具有金融投资经验的同伴比例和从事金融服务行业的同伴比例）显著正相关。换句话说，在金融服务业有较多同伴或有金融投资经验同伴较多的个体，其风险偏好较高。

为了更好地理解人际影响因素对金融风险偏好的作用机制，我们采用回归分析，将风险偏好作为预测变量，将人口统计学变量（年龄、性别和婚姻状态）作为控制变量，将人际关系影响因素（包括有金融投资经验朋友的比例，朋友从事金融服务务行业的比例,家庭成员有金融投资经验的比例,家庭成员从事金融服务行业的比例,同伴有金融投资经验的比例,同伴从事金融服务行业的比例)作为预测变量。逐步回归结果如表 4-9 所示。

表 4-9　人际关系因素对金融风险偏好影响的逐步回归分析

模型	预测变量	标准化的 β	t	P	调整 R^2
1	(常量)		1. 942	0. 053	0. 197
	CoIE	0. 446	9. 970	0. 000	
2	(常量)		2. 734	0. 007	0. 228
	CoIE	0. 413	9. 266	0. 000	
	MS	0. 183	4. 098	0. 000	
3	(常量)		2. 677	0. 008	0. 239
	CoIE	0. 266	3. 751	0. 000	
	MS	0. 177	3. 987	0. 000	
	FrIE	0. 188	2. 644	0. 009	

如表 4-9 所示,两个人际影响因素(同伴有金融投资经验的比例和朋友有金融投资经验的比例)和婚姻状态进入金融风险偏好的回归方程,预测能力为 23. 9%。很明显,人际关系因素的确对金融风险偏好具有很大的影响。

我们已经分别探讨了个人因素和人际因素对风险偏好的影响,那么进一步的研究则是将这些因素结合起来,揭示它们共同的作用机制。

第二节　金融投资经验对风险偏好的中介效应研究

一项研究表明，仅仅是将一个刺激重复地呈现在个体面前，就能够增强个体对这个刺激对象的态度（Zjonc，1968），这一现象被称为纯粹接触效应。纯粹接触效应被定义为由于重复呈现不熟悉的刺激而产生的积极影响的增加（Harrison，1977）。许多研究表明，在不同的情形和刺激材料中都存在这种纯粹接触效应，如多边形或数字（Bornstein & D' Agostino，1992；Seamon et al.，1995；Willems & Van der Linden，2006）、中国象形文字（Monahan，Murphy & Zajonc，2000）、摄影（Bornstein & D' Agostino，1992）、图片（Kruglanski，Freund & bartal，1996）。许多理论被建立来解释这一现象，如对立过程模型（Harrison，1977）、感知流畅性/错误归因模型（Bornstein & D' Agostino，1992）、情绪流畅性模型（Winkielman & Cacioppo，2001）、不确定性减少模型（Lee，2001）、加工水平模型（Nordhielm，2002）等。在互动和交流中，人们会受到他人的影响，这是不争的事实。许多实证研究已经检验了人际影响在决策中的作用，人际影响的确会对产品偏好产生影响（Childers and Rao，1992；Harrison，Mykytyn，and Riemenschneider，1997；Lu，Yao，and Yu，2005；Bault，2011；Tomlin et al.，2013；Germar et al.，2014）。还有一些理论强调了日常生活中人际影响对决策或选择的重要性，如计划行为理论（Ajzen，Icek，1991）、两级流动（传播）理论（Katz，Elihu，1957）和同伴影响理论（Deutsch & Gerard，1955）。

如上所述，纯粹接触会促进积极的态度，而人际影响对人们的决策有一定的影响，我们可以合理地推断在风险偏好中也可以发现类似的影响。既然投资经验和人际影响对风险偏好都有一定的影响，那么其作用机制是什么呢？为了回答这个问题，研究采用路径分析法来进一步进行检验。

一、金融投资年限对家人影响力和风险偏好的中介效应

家人影响力是通过问卷中的两个问题来衡量的:调查问卷中的问题 8 和问题 12。问题 8 测查的是家庭成员中有金融投资经验的比例,问题 12 是衡量家庭成员从事金融服务行业的比例。家人影响力用具有金融投资经验的家庭成员比例和从事金融服务业的家庭成员比例的标准分的平均值来表示。根据中介的作用机制,采用路径分析方法研究金融投资年限、家人影响力和金融风险偏好之间的关系:第一步,以家人影响力为预测变量,以风险偏好为结果变量,进行简单线性回归;第二步,以家人影响力为预测变量,以金融投资年限为结果变量,进行简单线性回归;第三步,以家庭金融投资经历的影响和时长为预测变量,以风险偏好为结果变量,进行多元回归分析。研究结果见表 4-10。

表 4-10　金融投资年限对家人影响力和风险偏好的中介效应

	标准化回归方程	回归系数的 t 检验
第一步	$Pre = 0.219FaIn$	$SE = 0.049t = 4.515^{**}$
第二步	$YoI = 0.303FaIn$	$SE = 0.047t = 6.397^{**}$
第三步	$Pre = 0.615YoI + 0.033FaIn$	$SE = 0.041t = 15.076^{**}$
		$SE = 0.041t = 0.806$

金融投资年限是家人影响力与风险偏好之间的完全中介。$FaIn$ 代表家人影响力标准分,$FaIn = Z[Z(FaWE) + Z(FaIE)]$。由表 4-10 可知,仅考虑家人影响力时,其对风险偏好的影响在 0.01 水平上显著。同时考虑家人影响力和金融投资年限,家人影响力对风险偏好的影响不再显著。这意味着金融投资年限是家人影响力与风险偏好之间的完全中介。这一关系可以通过图 4-1 直观地表现出来。

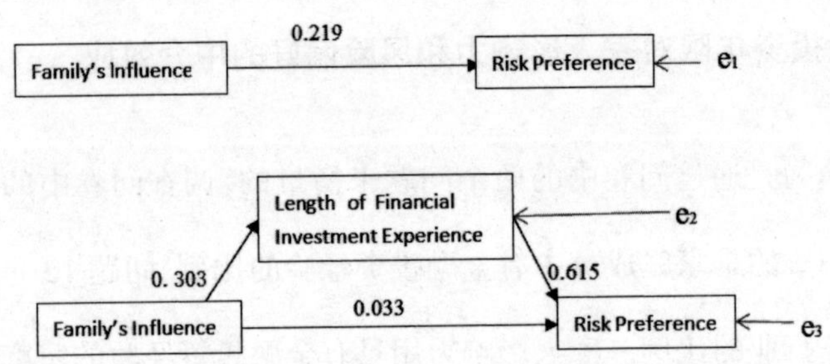

图 4-1　金融投资年限对家人影响力和风险偏好的中介效应

注:Family' s Influence—家人影响力;Risk Preference—风险偏好;Length of Financial Investment Experience—金融投资年限。

金融投资年限对家人影响力和风险偏好的中介作用机制表明,家人影响力通过金融投资年限对风险偏好产生间接影响。也就是说,家人影响力通过影响被试的金融投资年限来影响一个人的金融风险偏好。家庭成员从事金融服务行业或有金融投资经验的被试,其投资历史较长,对金融风险的偏好更强;相反,家庭成员较少从事金融服务行业或少有金融投资经验的受访者,由于金融经验有限,往往会拒绝金融投资。也就是说,家人影响力对风险偏好的促进作用是间接的,是通过被试的金融投资年限来实现的。

二、金融投资年限对同伴影响力和风险偏好的中介效应

同伴影响力是通过问卷中的问题 9 和问题 13 来测查的。问题 9 考察了有金融投资经验的同伴所占比例,问题 13 考察了从事金融服务行业的同伴所占比例。同伴影响力采用有金融投资经验的同伴比例和从事金融服务行业的同伴比例的标准分的平均值来表示。根据中介的作用机制,采用路径分析方法研究金融投资年限、同伴影响和风险偏好之间的关系:第一步,以同伴影响力为预测变量,以风险偏好为结果变量,进行简单线性回归;第二步,以同伴影响力为预测变量,以金融投资

年限为结果变量，进行简单线性回归；第三步，以同伴影响力和金融投资年限为预测变量，以风险偏好为结果变量，进行多元回归分析。研究结果见表4-11。

表4-11　金融投资年限对同伴影响力和风险偏好的中介效应

	标准化回归方程	回归系数的 t 检验
第一步	$Pre = 0.387CoIn$	$SE = 0.046 t = 8.444^{**}$
第二步	$YoI = 0.367CoIn$	$SE = 0.046 t = 7.935^{**}$
第三步	$Pre = 0.558YoI + 0.183CoIn$	$SE = 0.041 t = 13.668^{**}$ $SE = 0.041 t = 4.488^{**}$

中介效应的大小为：0. 367×0. 558÷0. 387＝52. 92%。表4-11中的 $CoIn$ 代表同伴影响力的标准分，$CoIn = Z[Z(CoWE) + Z(CoIE)]$。如表4-11所示，仅考虑同伴影响力时，$t$ 值为8. 444。同时考虑同伴影响力和金融投资年限时，同伴对风险偏好的影响 t 值降为4. 488。虽然在0. 01水平上仍然显著，但统计显著性不如第一个公式明显。这意味着金融投资年限是同伴影响力与风险偏好之间的部分中介，这一关系可以通过图4-2直观地表现出来。

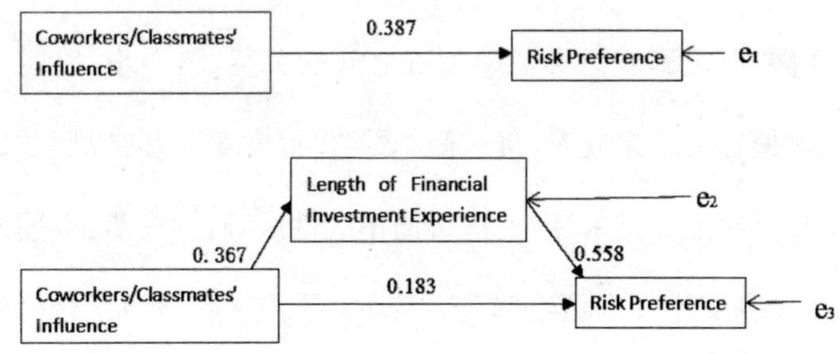

图4-2　金融投资年限对同伴影响力和风险偏好的中介效应

注：Coworkers/Classmates' Influence—同伴影响力；Risk Preference—风险偏好；Length of Financial Investment Experience—金融投资年限。

金融投资年限对同伴影响力和风险偏好的中介作用机制表明，同伴影响力直接影响被试的风险偏好，同时通过金融投资年限对风险偏好产生间接影响。而在同伴影响力与风险偏好的关系中，金融投资年限的中介效应高达 52. 92%，说明金融投资年限作为部分中介，在同伴影响风险偏好的影响过程中起着重要作用。换句话说，同伴影响力通过影响被试的金融投资年限在很大程度上影响一个人的风险偏好。具体来说，从事金融服务行业的同伴越多或有金融投资经验的对象，其投资年限越长，对金融风险的偏好就越强；相反，从事金融服务行业的同伴较少或少有金融投资经验的受访者，由于金融经验有限，往往会拒绝金融投资。也就是说，同伴影响力对金融风险偏好的促进作用并不是完全通过直接的方式来实现的，而是部分通过主体的投资经验来实现的。

三、金融投资年限对朋友影响力和风险偏好的中介效应

朋友影响力是通过问卷中的两个问题来测查的：调查问卷中的问题 10 和问题 14。问题 10 测查了朋友有金融投资经验的比例，问题 14 测查了朋友从事金融服务行业的比例。用有金融投资经验的朋友比例和从事金融服务行业的朋友比例的标准分平均值来表示朋友影响力。根据中介变量的作用机制，采用路径分析方法研究金融投资年限、朋友影响力和风险偏好之间的关系：第一步，以朋友影响力为预测变量，以风险偏好为结果变量，进行简单线性回归；第二步，以朋友影响力为预测变量，以金融投资年限为结果变量，进行简单线性回归；第三步，以朋友影响力和金融投资年限为预测变量，以风险偏好为结果变量，进行多元回归分析，研究结果如表 4-12 所示。

表 4-12　金融投资年限对朋友影响力和风险偏好的中介效应

	标准化回归方程	回归系数的 t 检验
第一步	$Pre = 0.382FrIn$	$SE = 0.046t = 8.330^{**}$
第二步	$YoI = 0.394FrIn$	$SE = 0.045t = 8.639^{**}$
第三步	$Pre = 0.561YoI + 0.162FrIn$	$SE = 0.042t = 13.497^{**}$ $SE = 0.042t = 3.896^{**}$

中介效应大小为：0.394×0.561/0.382=57.86%。表 4-12 中的 $FrIn$ 代表朋友影响力标准分，$FrIn = Z[Z(FrWE) + Z(FrIE)]$。如表 4 - 12 所示，仅考虑朋友影响力时，$t$ 值为 8.330。同时考虑朋友影响力和金融投资年限时，朋友对风险偏好的影响 t 值下降为 3.896。虽然在 0.01 水平上仍然显著，但统计显著性不如第一个公式明显。这意味着金融投资年限是朋友影响力与风险偏好之间的部分中介，这一关系可以通过图 4-3 直观地表现出来。

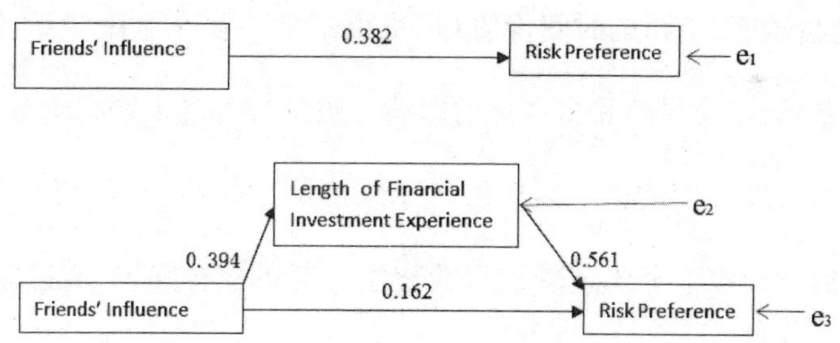

图 4-3　金融投资经验年限对朋友影响力和风险偏好的中介效应

注：Friends' Influence—朋友影响力；Risk Preference—风险偏好；Length of Financial Investment Experience—金融投资年限。

金融投资年限对朋友影响力和风险偏好的中介作用机制表明，朋友影响力直接影响被试的风险偏好，同时通过金融投资年限对风险偏好产生间接影响。而在朋友影响力与风险偏好的关系中，金融投资年限的中介效应高达 57.86%，说明金融投资年限作为部分中介，在朋友对风险偏好的影响过程中起着重要的作用。换句话说，朋友影响力通过影响被试的金融投资年限在很大程度上影响一个人的金融风险偏好。具体来说，从事金融服务行业的朋友越多或有金融投资经验的人，投资年限越长，对金融风险的偏好越强；相反，在金融服务行业朋友较少或少有金融投资经验的受访者，由于金融经验有限，往往会拒绝金融投资。也就是说，朋友影响力对风险偏好的促进作用并不是完全通过直接的方式来实现的，而是部分通过被试的金融投资年限来实现的。

四、金融投资年限对简单金融知识和风险偏好的中介效应

金融知识是通过问卷第二部分的问题 14 来衡量的。金融知识包括 3 个维度：计算能力、简单金融知识和复杂金融知识。计算能力与一般认知能力有关，表明的是个体对于分数、百分比、除法、乘法和简单概率等概念的运用能力；简单金融知识包括复利、通货膨胀、货币的时间价值和“货币幻觉”；复杂金融知识涵盖了债券和股票之间的差异，以及风险和多样化的影响。被试每答对 1 题得 1 分，每个维度的正确答案数构成该维度的值。然后将每个维度的值转化为标准分，3 个维度的标准分的平均值就构成了个体金融知识的数值。简单金融知识，通过问卷第二部分的问题 6~9 来测查。通过相关分析可知，简单金融知识与风险偏好和金融投资年限显著相关。根据中介的作用机制，采用路径分析方法研究金融投资年限、简单金融知识和风险偏好之间的关系：第一步，以简单金融知识为预测变量，以风险偏好为结果变量，进行简单线性回归；第二步，以简单金融知识为预测变量，以金融投资年限为结果变量，进行简单线性回归；第三步，以简单金融知识和金融投资年限为预测变量，以风险偏好为结果变量，进行多元回归分析，结果如表 4-13 所示。

表 4-13 金融投资年限对简单金融知识和风险偏好的中介效应

	标准化回归方程	回归系数的 t 检验
第一步	$Pre = 0.179BFL$	$SE = 0.052t = 3.661^{**}$
第二步	$YoI = 0.171BFL$	$SE = 0.052t = 3.483^{**}$
第三步	$Pre = 0.612YoI + 0.072BFL$	$SE = 0.040t = 15.568^{**}$ $SE = 0.042t = 1.826$

金融投资年限是简单金融知识和风险偏好之间的完全中介。如表 4-13 所示，仅考虑简单金融知识时，其对风险偏好的影响在 0.01 水平上显著。当同时考虑简单金融知识和金融投资年限时，简单金融知识对风险偏好的影响不再显著。这意味着金融投资年限是简单金融知识和风险偏好之间的完全中介，这一关系可以通过图 4-4 直观地表现出来。

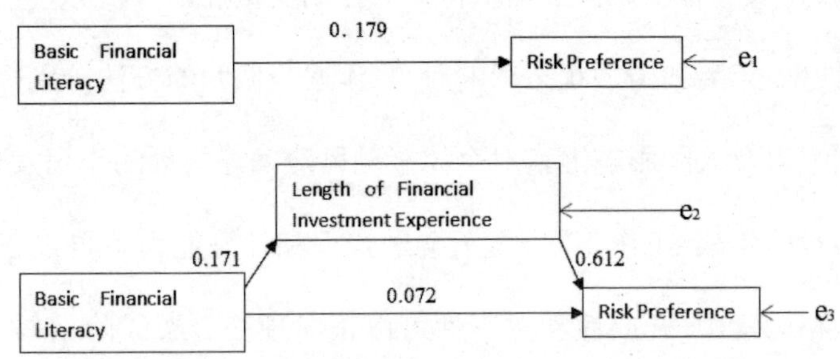

图 4-4 金融投资年限对简单金融知识和风险偏好的中介效应

注：Basic Financial Literacy—简单金融知识；Risk Preference—风险偏好；Length of Financial Investment Experience—金融投资年限。

金融投资年限对简单金融知识和风险偏好的中介作用机制表明，简单金融知识通过金融投资年限对风险偏好产生间接影响。换句话说，简单金融知识通过影响金融投资年限来影响一个人的风险偏好。具体来说,金融基础知识水平较高的被试更有可能拥有较长的投资历史,从而导致其金融风险的偏好越高;相反,金融基础知识水平较低的被试,由于金融经验有限,更容易排斥金融投资。换句话说,简单金融知识对风险偏好的促进作用是间接的,是通过被试金融投资年限来实现的。

第三节　金融风险偏好评估总结

在人口统计学因素方面,相关系数检验得出如下因素可以预测个体的金融风险偏好:年龄、婚姻状态、教育水平、专业背景。具体来说,年龄较大、教育水平较高并有金融相关专业背景的已婚投资者对金融风险的偏好程度较高。而本研究没有发现金融风险偏好的性别差异(注:后续研究中在个体经历因素中度量了个体金融知识,因此,教育水平和专业背景均不再作为控制变量加以分析)。

在控制性别、年龄和婚姻状态影响后,采用逐步回归的方法分别探究个体经历因素、人格因素以及人际影响因素对个体金融风险偏好的预测作用发现:个体经历因素中,金融投资年限、工作年限、复杂金融知识和计算能力均可以正向预测金融风险偏好;人格因素中,开放性和尽责性可以正向预测金融风险偏好,宜人性则会负向预测金融风险偏好;人际影响因素中,同伴金融投资占比以及朋友金融投资占比可以正向预测个体金融风险偏好。此外,为了进一步确认金融投资年限对金融风险偏好的预测作用,本研究排除没有任何金融投资经历的被试,在已有金融投资经历的投资者中控制年龄因素的影响,借助于回归分析发现金融投资年限依然是金融风险偏好的有效预测因素。这说明一定程度上,金融投资年限对金融风险偏好具有促进作用,纯粹接触效应在金融风险上也得到了验证。

为了深入探究上述影响因素对金融风险偏好的作用机制，本研究采用路径分析的方法检验了个体金融投资年限在金融知识、人际影响因素对个体金融风险偏好的形成和发展中所起的作用。检验结果表明，金融投资年限不仅在家人影响和简单金融知识对金融风险偏好的影响过程中起到了完全中介作用，而且在同伴影响和朋友影响对金融风险偏好的作用过程中起到了部分中介作用。换言之，家人金融行业从业情况以及家人金融投资情况对个体金融风险偏好的影响要完全通过个体金融投资年限而起作用。这就是说，家人对金融行业的较多接触提供给了投资者更多开展金融投资的机会，以促使投资者获得更长的金融投资经验，进而借助纯粹接触效应提高了其对金融风险的偏好程度。反之，如果个体始终没有获取足够的金融投资直接经验（即没有开始金融投资或者仅仅有过短暂的金融投资），即使家人中有很多在金融机构就职或者有金融投资经验，他们的金融风险偏好水平依然不会因此而提升。类似地，具备丰富的简单金融知识本身并不能直接提高个体的金融风险偏好，它也是借助于个体的金融投资年限以促进其金融风险偏好水平。而人际影响的另外两个方面，同伴影响和朋友影响对金融风险偏好的作用除类似上述家人影响通过增加个体在金融投资方面的直接经验（金融投资年限）而间接发挥促进作用外，其本身也会直接提高个体的金融风险偏好水平。由此可见，在金融风险方面，间接经验（重要他人对金融投资及金融行业的接触以及个体的金融知识）对金融风险偏好的促进作用往往需要借助于个体金融投资领域的直接经验而实现。

第五章　金融投资理性影响因素及作用机制分析

对金融投资理性影响因素的分析分为两个部分,第一部分是对投资能力认知偏差的分析,第二部分是对金融投资智慧的分析。之所以要把金融投资理性分为这两个部分,是因为这两个部分在不同层面上影响到投资者的金融投资行为以及最终的投资表现。

投资能力认知偏差与个体的元认知能力密切相关,是投资者元认知能力在金融投资领域的具体体现,它影响着投资者的风险性投资参与度以及坚持某种投资策略的执着程度,如在投资者对自身投资能力判断不准确的情况下,会在投资行为中表现出过度谨慎或过分莽撞的情况;而在投资者对自己的投资能力过度自信的情况下,很可能出现过度投资的情况。在投资能力认知偏差的分析中,我们将会分别检验投资能力评估偏差和过度自信偏差在个体经历层面、人格层面以及人际影响层面的影响因素,并探究金融知识对这两种投资能力认知偏差影响的作用机制。

而金融投资智慧则是投资者在金融投资过程中表现出来的投资能力,在本研究中金融投资智慧的高低由投资者在不同实验情境下的投资决策是否遵循期望效用理论中的占优准则和不变性准则来度量。简单来说,在一个金融产品某个方面优于另一个金融产品,而其他所有方面都至少与另一个金融产品同样好的情况下,金融投资智慧较高的投资者应该对这个占优的金融产品有更强的偏好;与此同时,金融投资智慧较高的投资者对用不同方法表述的同一个金融产品应该产生同样的偏好,也即对各个金融产品之间的偏好应当独立于对它们的描述。而操作上,本研究运用9种不同投资情境下,在表述相同收益相同风险不同金融产品偏好的两两比较中得到该投资者对占优准则遵守程度;运用9次投资决策方差拆解的方法得出投资者对不变性准则遵守指数。最后,综合考虑这两个因素得到金融投资智慧得分(详见第三章第一节"研究设计"),并对其个体经历层面、人格层面以及人际影响层面的影响因素和潜在作用机制加以探索。

本章第一节和第二节是中国样本实证研究结果的第二重要组成,主要探讨金融投资能力评估偏差、过度自信偏差与其影响因素的关系及可能的作用机制。具体来说,首先将依次探讨个体经历因素、人格因素和人际影响因素对金融投资能力评估偏差和过度自信偏差的影响。同时考虑不同的影响因素,提出可能的影响机制,并建立模型检验这些影响因素对金融投资能力评估偏差和过度自信偏差的影响。为了进一步揭示可能影响偏差的因素,我们对金融知识对这两种投资能力认知偏差影响的作用机制进行了探究。

本章第三节是中国样本实证研究结果的最后一部分,重点探讨投资智慧与其影响因素之间的关系以及可能的机制。首先对该方法的有效性进行了检验,然后通过建立模型,验证个体经历因素、人格因素和人际影响因素对投资智慧的影响。

第一节　金融投资能力评估偏差影响因素及作用机制分析

个体对自己社会能力的感知源于对自己处理可能参与并最终被他人接受的各种关系情况所需的能力和资源的主观自我评价(Bandura,1986)。自我评价容易因为个体的过度自信而产生偏差,人们往往不能客观、准确地评价自己,也无法给出自我评价的准确信息(DeNisi & Shaw,1977;Levine,Flory & Ash,1977)。个体对自己能力的感知是主观的,通常不能准确地与他们的实际能力相对应(Bouffard,Vezeau,Roy & Lengele,2011;Bouffard et al.,2003)。大多数时候,人们往往过于乐观,个体的自我评价会超过他们的实际能力(Colvin,Block & Funder,1995;Gresham,Lane,MacMillan,Bocian & Ward,2000),同时,也有个体会对自己的能力持有非常悲观的认知偏见(Strunk,Lopez & DeRubeis,2006;Bedard,Bouffard & Pansu,2014)。社会认知理论认为,人们对自己能力的感知来自他们在环境中的行为以及他们与生活中重要社会主体的互动(Bandura,1986;哈特,1990;哈特,1992)。由于个体对自己能力的感知并不能准确地反映出他们的客观能力,那么个体的自我评价如何影响投资理性,则是一个很有趣的问题。

在本研究中,使用金融知识(通过问卷第一部分的前两个问题来衡量)与客观金融知识,即个体经历因素(通过问卷第二部分的14个问题来测查)之间的差异来代表投资能力评估偏差。首先计算金融知识自我评价得分和个体经历因素得分。其次将每个分数的值转化为标准数,计算两个标准分的差值。本研究以差值的绝对值表示投资能力评估偏差。在此过程中,我们采用标准分,以确保金融知识自我评价与个体经历因素具有可比性。运用绝对值是为了确保对金融知识的高估和低估都得到考虑,并给予同等的权重。

一、投资能力评估偏差的影响因素分析

(一)投资能力评估偏差与人口统计学变量的关系

要了解投资能力评估偏差及其影响因素,首先需要大致了解哪些人更容易产生较高的投资能力评估偏差。根据人口统计学变量(如年龄、性别等)将个体分成

不同的组,从不同的角度进行分析。为了初步揭示不同人群的投资能力评估偏差是否存在差异,本研究对人口统计学变量对投资能力评估偏差的影响进行了相关分析,结果如表 5-1 所示。

表 5-1　投资能力评估偏差与人口统计学变量的相关矩阵

	Bia	*Gen*	*Age*	*MS*	*Ed*	*DE*
Bia	1					
Gen	0.007	1				
Age	-0.003	0.090	1			
MS	-0.017	-0.004	0.648**	1		
Ed	-0.062	0.211**	-0.063	-0.036	1	
DE	0.059	0.077	0.032	0.003	0.167**	1

注：*Bia* 代表投资能力评估偏差标准分。*SEFL* 代表财务知识自我评估。下同。$Bia = Z[|Z(SEFL) - Z(FL)|]$。

具体采用皮尔逊相关分析来计算投资能力评估偏差与人口统计学变量的相关系数,结果如下。

(1)男性与女性在投资能力评估偏差上无显著差异。

(2)投资能力评估偏差与年龄无显著相关。

(3)已婚与未婚个体在投资能力评估偏差上无显著差异。

(4)投资能力评估偏差与受教育程度无显著相关。

(5)经济学、金融学、会计学专业与非经济学、金融学、会计学专业的个体的投资能力评估偏差无显著差异。

(二)投资能力评估偏差与个体经历的关系

从相关分析结果来看,仅通过人口学变量的基本背景信息并不能准确判断个体的投资能力评估偏差。为了更好地预测被试的投资能力评估偏差,揭示更多相关的影响因素,本研究继续探究个体经历因素的作用。具体来说,个体经历因素包括工作经验(一般工作经验和金融服务业工作经验)、金融投资年限和金融知识(包括计算能力、简单金融知识和复杂金融知识)。为了初步检验个体经历变量对投资能力评估偏差的影响,我们进行了相关分析,结果如表 5-2 所示。

表 5-2 个体经历对投资能力评估偏差的逐步回归分析

模型	预测变量	标准化的 β	t	P	调整 R^2
1	(常量)		-1.191	0.234	0.081
	SFL	-0.288	-6.005	0.000	
2	(常量)		-1.129	0.259	0.119
	SFL	-0.215	-4.300	0.000	
	BFL	-0.213	-4.261	0.000	

运用皮尔逊相关分析来计算投资能力评估偏差与个体经历(包括金融知识、工作经验和金融投资年限)的相关系数,结果如下。

(1)投资能力评估偏差与工作年限无显著相关。

(2)投资能力评估偏差与金融服务业工作经验无显著相关。而对于有此类经验的人,无论目前是否仍从事金融服务行业,其投资能力评估偏差始终保持不变。

(3)投资能力评估偏差与金融投资年限不存在显著相关。

(4)投资能力评估偏差与金融知识及其各维度(计算能力、简单金融知识和复杂金融知识)呈显著负相关。

为了更好地理解个体经历对投资能力评估偏差的影响，我们采用回归分析，将投资能力评估偏差作为预测变量，将人口统计学变量（年龄、性别和婚姻状态）作为控制变量，将个体经历因素（包括工作年限、金融服务业工作经验、金融投资年限、计算能力、简单金融知识和复杂金融知识）作为预测变量。

如表 5-2 所示，个体经历对投资能力评估偏差的逐步回归分析：两个金融知识因素（简单金融知识和复杂金融知识）进入了投资能力评估偏差最终模型的回归方程，预测能力为 11.9%（注：控制变量不进入模型）。这意味着金融知识较差的个体更有可能存在较高的投资能力评估偏差。

（三）投资能力评估偏差与人格因素的关系

研究表明，金融知识越少的人，其投资能力评估偏差越高的可能性越大。但是个体的一些更内在的因素，如人格因素也同样重要。正如文献综述中提到的，人格对人的行为和态度的影响很大，任何一个忽视人格的行为和态度研究都是不完整的。因此，本研究采用了两种人格量表，进一步探究人格因素与投资能力评估偏差之间的关系，相关分析结果如表 5-3 所示。

表 5-3　投资能力评估偏差与人格因素的相关矩阵

	Bia	*Ex*	*Neu*	*Co*	*Op*	*Ag*	*Imp*	*IP*	*IM*	*IC*
Bia	1									
Ex	-0.011	1								
Neu	0.052	-0.386**	1							
Co	-0.103*	0.286**	-0.403**	1						
Op	0.000	0.368**	-0.123*	0.268**	1					
Ag	-0.076	0.223**	-0.521**	0.331**	0.168**	1				

续 表

	Bia	Ex	Neu	Co	Op	Ag	Imp	IP	IM	IC
Imp	0.090	-0.163**	0.412**	-0.630**	-0.293**	-0.466**	1			
IP	0.055	-0.258**	0.259**	-0.593**	-0.277**	-0.337**	0.847**	1		
IM	0.108*	0.045	0.435**	-0.458**	-0.080	-0.404**	0.728**	0.351**	1	
IC	0.047	-0.187**	0.278**	-0.439**	-0.369**	-0.369**	0.812**	0.669**	0.337**	1

采用皮尔逊相关分析来计算投资能力评估偏差与人格因素的相关系数，结果如下。

(1)投资能力评估偏差与责任心显著负相关。责任心越低的被试，投资能力评估偏差越高。

(2)投资能力评估偏差与运动冲动性显著正相关。但相关系数较低，投资能力评估偏差与冲动性及其两个维度(冲动性计划和认知冲动性)无相关性。

(3)投资能力评估偏差与外向性、神经质、开放性、宜人性无显著相关。

为了更好地理解人格因素对自我评价的偏见的影响，我们采用回归分析，将投资能力评估偏差作为预测变量，将人口统计学变量(年龄、性别和婚姻状态)作为控制变量，将人格因素(包括外向性、神经质、责任心、开放性和宜人性)作为预测变量。逐步回归结果如表5-4所示。

表5-4　人格因素对投资能力评估偏差的逐步回归分析

预测变量	标准化的β	t	P	调整R^2
(常量)		-1.253	0.211	0.008
Co	-0.104	-2.068	0.039	

如表5-4中人格因素对投资能力评估偏差的逐步回归分析所示,只有责任心进入最终模型投资能力评估偏差的回归方程,预测能力为0.8%(注:控制变量不进入模型)。预测能力太低,不具有代表性。

(四)投资能力评估偏差与人际影响因素的关系

到目前为止,我们已经探究了人格因素对投资能力评估偏差的影响。但不容忽视的是,人是社会性动物,个体的态度或认知必然会受到周围人的影响。投资能力评估偏差也不例外。因此,要全面了解投资能力评估偏差的影响因素,就需要考虑人际影响因素。为初步检验人际影响因素对投资能力评估偏差的影响,我们进行了相关分析,结果如表5-5所示。

表5-5　投资能力评估偏差与人际影响因素的相关矩阵

	Bia	*FaIn*	*FaIE*	*FaWE*	*CoIn*	*CoIE*	*CoWE*	*FrIn*	*FrIE*	*FrWE*
Bia	1									
FaIn	0.032	1								
FaIE	0.055	0.827**	1							
FaWE	-0.001	0.835**	0.382**	1						
CoIn	0.040	0.485**	0.449**	0.358**	1					
CoIE	0.023	0.393**	0.484**	0.172**	0.820**	1				
CoWE	0.044	0.405**	0.257**	0.415**	0.827**	0.356**	1			
FrIn	-0.011	0.497**	0.453**	0.374**	0.841**	0.686**	0.699**	1		
FrIE	-0.020	0.445**	0.476**	0.266**	0.718**	0.790**	0.396**	0.844**	1	
FrWE	0.002	0.395**	0.290**	0.367**	0.704**	0.370**	0.785**	0.845**	0.427**	1

采用皮尔逊相关分析来计算投资能力评估偏差与人际影响因素的相关系数,

结果如下。

(1)投资能力评估偏差与家人影响及其两个维度(家人具有金融投资经验的比例、家人从事金融服务行业的比例)无显著相关。

(2)投资能力评估偏差与朋友影响及其两个维度(朋友有金融投资经验的比例、朋友从事金融服务行业的比例)无显著相关。

(3)投资能力评估偏差与同伴影响及其两个维度(有金融投资经验的同伴比例、从事金融服务行业的同伴比例)无显著相关。

二、金融知识与其他因素对投资能力评估偏差的交互作用

(一)金融知识与家人因素对投资能力评估偏差影响的交互效应

知识因素和社会因素都会影响人们自我评价的准确性,但确切的机制尚不清楚。为了揭示金融知识、人际影响以及其他一些因素(如人格)与投资能力评估偏差之间的关系,我们考虑到交互效应。

为进一步分析金融知识和家人因素对投资能力评估偏差的综合影响,我们进行了 Baron 和 Kenny 提出的层次回归分析。第一步,以投资能力评估偏差为预测变量,以金融知识和家人影响力为预测变量进行回归分析。第二步,以投资能力评估偏差为预测变量进行回归分析,以金融知识、家人影响力以及金融知识与家人影响力的交互项作为预测变量,并检验 R^2 的增加,以此判断金融知识与家人影响力的交互项在投资能力评估偏差预测中是否显著。分析结果如表 5-6 所示。

表 5-6 金融知识与家人影响力对投资能力评估偏差影响的交互效应

	标准化回归方程	调整 R^2	增加 R^2
第一步	$Bia = -0.340FL + 0.035FaIn$	0.112	

续　表

	标准化回归方程	调整 R^2	增加 R^2
第二步	$Bia = -0.299FL + 0.035FaIn - 0.194FL \times FaIn$	0.146	0.034**

注：1. $Bia = -0.299FL + 0.035FaIn - 0.194FL * FaIn = -0.229FL + (0.035 - 0.194FL)FaIn = 0.035FaIn - (0.229 + 0.194FaIn)FL$。

2. FL 代表金融知识标准分，$FL = Z[Z(Nu) + Z(BFL) + Z(SFL)]$。

层次回归分析结果表明，在投资能力评估偏差回归模型中，金融知识与家人影响力存在显著的交互作用。总体而言，金融知识有助于降低投资能力评估偏差，而家人影响力单独对投资能力评估偏差没有显著影响。而对于金融知识标准分在0.180以上的被试而言，家人影响力有助于降低投资能力评估偏差。而家人影响力标准得分在-1.118以下的被试，其金融知识会促进其产生投资能力评估偏差。也就是说，家人影响力对金融知识高于平均水平0.180标准差以上的被试的投资能力评估偏差有负向的预测作用，而金融知识低于平均水平0.180标准差的被试其家人的影响作用则相反。金融知识对家人影响力低于平均水平1.118标准差的被试的投资能力评估偏差有正向预测作用，而对家人影响力高于平均水平1.118标准差的被试的投资能力评估偏差的作用相反。

为了探究金融知识和家人影响力对投资能力评估偏差的确切影响，我们选择家人影响力高/低的被试，在比平均值高/低1个标准差的情况下进行简单斜率分析。对于家人影响力高的个体，其金融知识可以显著预测投资能力评估偏差（简单斜率 $=-0.5125$，$t=8.4035$，$P<0.001$）；而家人影响力低的个体，其金融知识不能显著预测投资能力评估偏差（简单斜率 $=-0.1237$，$t=1.6738$，$P=0.1494$）。

从图5-1可以看出，对于家人较多从事金融服务业或有金融投资经验的被试，其金融知识有助于显著降低投资能力评估偏差;而如果他们的金融和投资知之甚少,他们的投资能力评估偏差就非常高。而对于家人很少从事金融服务行业或少有金融投资经验的被试来说,无论他们的金融知识如何,他们的投资能力评估偏差始终不变。产生交互效应的主要原因是受家人影响力高的被试,其金融知识对投资能力评估偏差有显著影响。

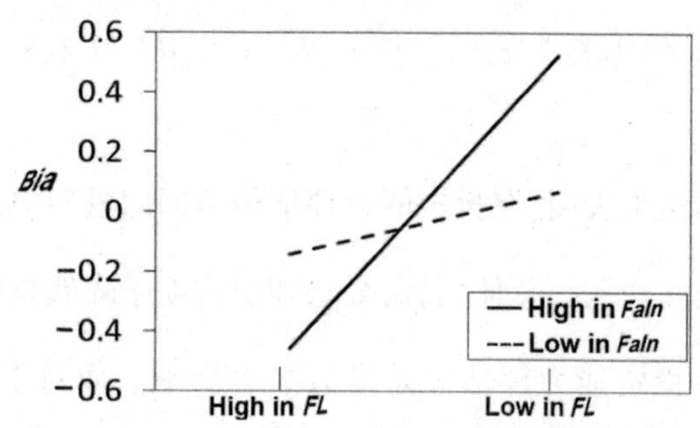

图 5-1　金融知识与家人因素对投资能力评估偏差影响的交互效应

为了深入研究家人因素和金融知识在对投资能力评估偏差预测中的交互作用,进行回归分析,将投资能力评估偏差作为预测变量,将人口统计学变量(年龄、性别和婚姻状态)作为控制变量,将金融知识、家人有金融投资经验的比例、家人从事金融服务行业的比例、金融知识与家人具有金融投资经验的交互项,以及金融知识与家人从事金融服务行业的比例交互项作为预测变量。逐步回归结果如表 5-7 所示。

表 5-7　家人、金融知识及其交互项对投资能力评估偏差影响的逐步回归分析

模型	预测变量	标准化的 β	t	P	调整 R^2
1	(常量)		− 0. 706	0. 480	0. 116
	FL	− 0. 344	− 7. 350	0. 000	

续　表

模型	预测变量	标准化的 β	t	P	调整 R^2
2	(常量)		- 0.577	0.565	0.143
	FL	- 0.311	- 6.641	0.000	
	FL_FaIE	- 0.174	- 3.706	0.000	

如表 5-7 所示,金融知识、金融知识和家人有金融投资经验比例的交互项进入最后的投资能力评估偏差回归方程模型,预测能力为 11.6%。这意味着家人中具有金融投资经验的比例(而不是从事金融服务行业的家人比例)与金融知识对投资能力评估偏差有交互作用。

第一步,回归分析以投资能力评估偏差为预测变量,以金融知识和家人有金融投资经验的比例为预测变量。第二步,以投资能力评估偏差为预测变量进行回归分析,将金融知识、具有金融投资经验的家人所占比例、金融知识与具有金融投资经验的家人所占比例的交互项作为预测变量。检验 R^2 值的增加,以检验金融知识与家人有金融投资经验比例的交互项是否对投资能力评估偏差的预测显著。分析结果如表所示。

表 5-8　金融知识与家人金融投资经历对投资能力评估偏差的交互效应

	标准化回归方程	调整 R^2	增加 R^2
第一步	$Bia = -0.344FL + 0.074FaIE$	0.117	
第二步	$Bia = -0.311FL + 0.080FaIE - 0.179FL \times FaIE$	0.146	0.029**

注: $Bia = -0.311FL + 0.080FaIE - 0.179FL \times FaIE$。

为了探究金融知识和家人金融投资经历对投资能力评估偏差的确切影响,我们选择家人金融投资经历高/低的被试，在比平均值高/低 1 个标准差的情况下进行简单斜率分析。家人金融投资经历高的个体，其金融知识能显著预测投资能力评估偏差（简单斜率 =－0.5085，t =－8.2468，P < 0.001）；而家人金融投资经历较少的个体，其金融知识也能显著预测投资能力评估偏差（简单斜率 =－0.1494，t =－2.0439，P < 0.05）。

从图 5-2 可以看出，对于家人中有较多金融投资经历的被试，其金融知识显著降低了投资能力评估偏差；而如果他们对金融知识和投资知之甚少，他们的投资能力评估偏差就非常高。而对于那些家人中没有多少人有金融投资经历的被试来说，无论他们的金融知识如何，他们的投资能力评估偏差始终不变。而产生交互效应的主要原因是，对于家人中有较多金融投资经历的被试，金融知识对投资能力评估偏差有显著影响。

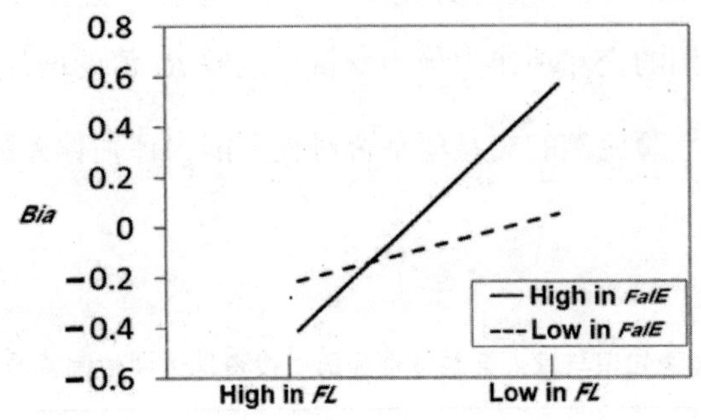

图 5-2　金融知识与家人金融投资经历对投资能力评估偏差的交互效应

（二）金融知识与神经质对投资能力评估偏差的交互效应

为了了解金融知识和神经质对投资能力评估偏差的共同影响，我们进行了 Baron 和 Kenny 提出的层次回归分析。第一步，以投资能力评估偏差为预测变量，以金融知识和神经质为预测变量进行回归分析。第二步，以投资能力评估偏差为预测变量进行回归分析，以金融知识、神经质和金融知识与神经质的交互项为预测变量,并检验 R^2 的增加,以检验金融知识与神经质的交互项是否对投资能力评估偏差有显著的预测作用。分析结果如表 5-9 所示。

表 5-9　金融知识与神经质对投资能力评估偏差的交互效应

	标准化回归方程	调整 R^2	增加 R^2
第一步	$Bia = -0.343FL + 0.067Neu$	0.116	
第二步	$Bia = -0.343FL + 0.007Neu + 0.234FL \times Neu$	0.148	0.032**

注: $Bia = -0.343FL + 0.007Neu + 0.234FL \times Neu = -0.343FL + (0.007 + 0.234FL)Neu = 0.007Neu - (0.343 - 0.234Neu)FL$。

层次回归分析结果表明,在投资能力评估偏差回归模型中,金融知识与神经质有显著的交互作用。总体而言,金融知识有助于降低投资能力评估偏差,而神经质本身一般对投资能力评估偏差没有显著影响。对于金融知识标准分值在-0.030以下的被试,神经质有助于降低投资能力评估偏差。而那些神经质标准分数超过1.466分的被试,他们的金融知识会增加他们的投资能力评估偏差。也就是说,神经质对金融知识低于均值0.030标准差或更低的被试的投资能力评估偏差有负向预测作用,而对金融知识高于均值0.030标准差的被试则有相反的预测作用。金融知识对神经质高于均值1.466标准差的被试的投资能力评估偏差有负向预测作用,而对神经质低于均值1.466标准差的被试的投资能力评估偏差有负向预测作用。

为了探讨金融知识和神经质对投资能力评估偏差的确切影响,选取神经质高/低且比平均高/低1个标准差的被试进行简单斜率分析。高神经质个体的金融知识不能显著预测投资能力评估偏差(简单斜率 = -0.1190, $t = 1.5544$, $P = 0.1209$);

而对于神经质程度较低的个体,金融知识可以显著负向预测投资能力评估偏差(简单斜率 =- 0.5765, t = 7.9932, P < 0.001)。

从图 5-3 可以看出,对于神经质程度较低的被试,其金融知识显著降低了投资能力评估偏差;如果他们对金融和投资方面的知识了解很少,投资能力评估偏差就会很大。而对于那些高度神经质的被试来说,不管他们的财务知识如何,他们的投资能力评估偏差始终不变。而产生交互效应的主要原因是金融知识对低神经质的被试的投资能力评估偏差有显著影响。

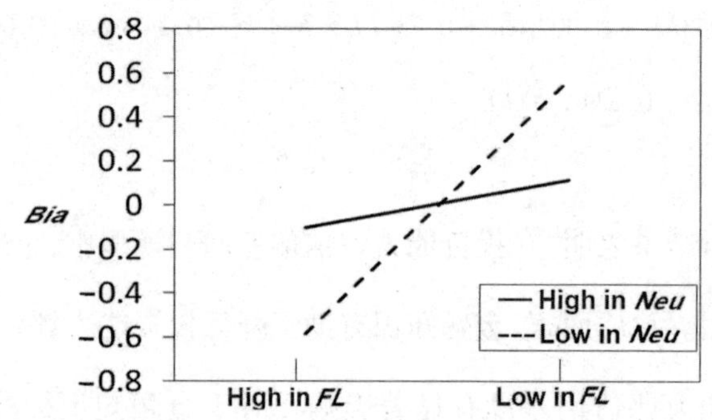

图 5-3　金融知识与神经质对投资能力评估偏差的交互效应

(三)金融知识与金融投资年限对投资能力评估偏差的交互效应

为了了解金融知识和金融投资年限对投资能力评估偏差的综合影响,我们进行了 Baron 和 Kenny 提出的层次回归分析。第一步,以投资能力评估偏差为预测变量,以金融知识和金融投资年限为预测变量进行回归分析。第二步,以投资能力评估偏差为预测变量进行回归分析,将金融知识、金融投资年限和金融知识与金融投资年限的交互期作为预测变量,并检验 R^2 值的增加,以检验金融知识与金融投资年限的交互项对投资能力评估偏差的预测是否显著。分析结果如表 5-10 所示。

表 5-10　金融知识与金融投资年限对投资能力评估偏差的交互效应

	标准化回归方程	调整 R^2	增加 R^2
第一步	$Bia = -0.337FL - 0.032YoI$	0.112	
第二步	$Bia = -0.302FL - 0.010YoI - 0.245FL \times YoI$	0.168	0.056^{**}

注：$Bia = -0.302FL - 0.010YoI - 0.245FL \times YoI = -0.302FL - (0.010 + 0.245FL)YoI = -0.010YoI - (0.302 + 0.245YoI)FL$。

层次回归分析结果表明，在投资能力评估偏差回归模型中，金融知识与金融投资年限存在显著的交互效应。总体而言，金融知识有助于降低投资能力评估偏差，而金融投资年限本身对投资能力评估偏差没有显著影响。然而，对于金融知识标准分值在-0.041 以下的被试，其金融投资年限会对投资能力评估偏差产生影响。而那些金融投资年限标准分值在-1.233 以下的被试，他们的金融知识会增加他们的投资能力评估偏差。

为了探究金融知识和金融投资年限对投资能力评估偏差的确切影响，我们选择金融投资年限长/短的被试，在比平均值高/低 1 个标准差的情况下进行简单斜率分析。对于金融投资经历较长的个体，金融知识可以显著预测投资能力评估偏差（简单斜率 $= -0.6161$，$t = 8.9923$，$P < 0.001$）；而对于金融投资经历较短的个体，其金融知识不能显著预测投资能力评估偏差（简单斜率 $= -0.0654$，$t = 0.9069$，$P = 0.3650$）。

从图 5-4 可以看出，对于具有多年金融投资经验的被试，其金融知识显著降低了投资能力评估偏差；如果他们对金融和投资方面的知识了解很少，投资能力评估偏差就会很大。而对于那些没有太多金融投资经验的被试来说，无论他们的金融知识如何,他们的投资能力评估偏差始终不变。而产生交互效应的主要原因是金融知识对具有多年金融投资经验的被试的投资能力评估偏差有显著影响。

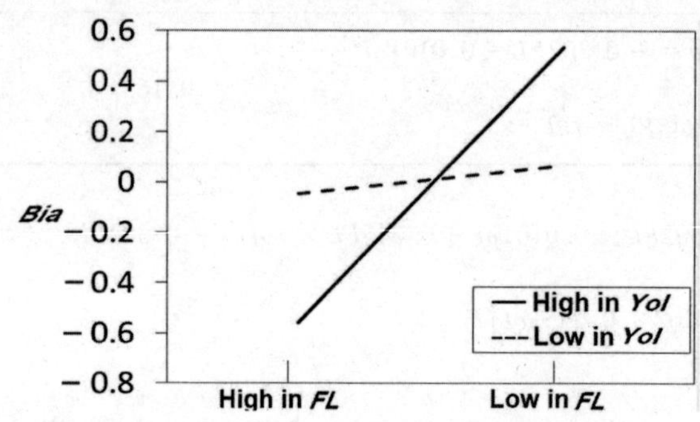

图 5-4 金融知识与金融投资年限对投资能力评估偏差的交互效应

第二节 过度自信偏差影响因素及其作用机制分析

在本研究中,我们使用金融知识自评(通过问卷第一部分的前 2 个问题来测查)和客观金融知识(通过问卷第二部分的问题 14 来测查)之间的差异来代表过度自信偏差。首先计算金融知识自评得分和客观金融知识得分。然后将每个分值转化为标准分,计算两个标准分之间的差值,用差值表示过度自信偏差。

一、过度自信偏差的影响因素分析

(一)过度自信偏差与人口统计学变量的关系

要了解过度自信偏差及其影响因素,首先需要大致了解哪些人更容易产生高度的过度自信偏差。根据人口统计学变量(如年龄、性别等)将人们分成不同的组,为初步揭示不同人群过度自信偏差是否存在差异,我们对人口统计学变量对过度自信偏差的影响进行相关分析,结果如表 5-11 所示。

表 5-11　过度自信偏差与人口统计学变量的相关矩阵

	Con	*Gen*	*Age*	*MS*	*Ed*	*DE*
Con	1					
Gen	0.130**	1				
Age	0.198**	0.090	1			
MS	0.196**	-0.004	0.648**	1		
Ed	-0.183**	0.211**	-0.063	-0.036	1	
DE	0.169**	0.077	0.032	0.003	0.167**	1

注:*Con* 代表过度自信偏差标准分,下同。$Con = Z[Z(SEFL) - Z(FL)]$。

具体来说,采用皮尔逊相关分析来计算过度自信偏差与人口统计学变量的相关系数,结果如下。

(1)过度自信偏差的性别差异显著。与女性相比,男性的过度自信偏差更高。

(2)过度自信偏差与年龄呈正相关。

(3)过度自信偏差与婚姻状态显著相关。与未婚者相比,已婚者的过度自信偏差更高。

(4)过度自信偏差与教育程度呈负相关。

(5)过度自信偏差与专业显著相关。经济、金融或会计专业的过度自信倾向较高。

(二)过度自信偏差与个体经历的关系

之前的分析表明,年龄较大、已婚、教育程度较低和受过系统经济、金融或会计教育的男性更容易过度自信。有了这个发现,我们可以通过了解他/她的基本背景来大致判断出个体是否会有较高的过度自信偏差。为了更精准地预测被试的过度自信偏差,揭示更多相关影响因素,我们将个体经历因素考虑进来。具体来说,个体经历因素包括工作经验(一般工作经验和金融服务业工作经验)、金融投资年限和金融知识(包括计算能力、简单金融知识和复杂金融知识)。为初步检验个体经历变量对过度自信偏差的影响,进行相关分析,结果见表5-12。

表5-12 过度自信偏差与个体经历变量的相关矩阵

	Con	*YoW*	*WE*1	*WE*2	*YoI*	*FL*	*Nu*	*BFL*	*SFL*
Con	1								
YoW	0.179**	1							
*WE*1	0.264**	-0.026	1						
*WE*2	-0.050	0.018	-0.352**	1					
YoI	0.248**	0.430**	0.109*	-0.088	1				
FL	-0.670**	-0.085	0.116*	-0.066	0.082	1			
Nu	-0.452**	-0.182**	-0.021	-0.092	-0.060	0.634**	1		
BFL	-0.549**	0.065	-0.048	-0.045	0.171**	0.752**	0.236**	1	
SFL	-0.438**	-0.081	0.168**	-0.013	0.051	0.752**	0.210**	0.345**	1

具体来说,采用皮尔逊相关分析来计算过度自信偏差与个体经历(包括金融知识、工作经验和金融投资年限)的相关系数,结果如下。

(1)过度自信偏差与工作年限呈正相关。

(2)过度自信偏差与金融服务业工作经验显著相关。与没有金融服务业工作经验的从业人员相比,有金融服务业工作经验的从业人员的过度自信偏差较高。而对于有这种经历的人来说,无论他们目前是否还从事金融服务行业,他们的过度自信倾向始终存在。

(3)过度自信偏差与金融投资年限显著正相关。

(4)过度自信偏差与金融知识及其各维度(计算能力、简单金融知识和复杂金融知识)呈显著负相关。

为了更好地理解个体经历对过度自信偏差的影响,我们采用回归分析,将过度自信偏差作为预测变量,将人口统计学变量(年龄、性别和婚姻状态)作为控制变量,将个体经历因素(包括工作年限、金融服务行业工作经验、金融投资年限、计算能力、简单金融知识和复杂的金融知识)作为预测变量。逐步回归结果如表 5-13 所示。

表 5-13　个体经历变量对过度自信偏差的逐步回归分析

模型	预测变量	标准化的 β	t	P	调整 R^2
1	(常量)		-0.292	0.770	0.309
	BFL	-0.558	-13.418	0.000	
2	(常量)		-1.088	0.277	0.485
	BFL	-0.615	-15.986	0.000	
	YoI	0.345	8.971	0.000	
3	(常量)		-0.118	0.906	0.510
	BFL	-0.537	-14.631	0.000	
	YoI	0.316	8.866	0.000	
	Nu	-0.305	-8.406	0.000	

续 表

模型	预测变量	标准化的 β	t	P	调整 R^2
4	（常量）		－0.084	0.933	0.561
	BFL	－0.461	－12.660	0.000	
	YoI	0.317	9.400	0.000	
	Nu	－0.271	－7.829	0.000	
	SFL	－0.245	－6.866	0.000	
5	（常量）		4.343	0.000	0.587
	BFL	－0.458	－12.969	0.000	
	YoI	0.297	8.998	0.000	
	Nu	－0.276	－8.218	0.000	
	SFL	－0.215	－6.153	0.000	
	*WE*1	0.169	5.136	0.000	
6	（常量）		3.903	0.000	0.594
	BFL	－0.449	－12.733	0.000	
	YoI	0.289	8.816	0.000	
	Nu	－0.281	－8.432	0.000	
	SFL	－0.224	－6.418	0.000	
	*WE*1	0.159	4.856	0.000	
	Gen	0.089	2.757	0.006	

如表5-13所示，两个经验因素（金融投资年限和金融服务业工作经验）和三个金融知识因素（计算能力、简单金融知识和复杂金融知识）进入过度自信偏差的回归方程，预测能力为59.4%。这意味着拥有较长金融服务业工作经验和金融投资经验、金融知识水平较低的男性，更有可能出现过度自信偏差。

（三）过度自信偏差与人格的关系

分析表明，年龄更大、已婚和较少接受系统化经济学、金融或会计专业教育的男性容易产生过度自信偏差。同时，金融服务行业工作经验和金融投资经验较多、金融知识较少的个体，其过度自信偏差表现也较高。个体的一些更内在的因素，即人格，也需要作为影响过度自信偏差的因素被考虑。因此，本研究采用了两种人格量表分析人格与过度自信偏差之间的关系，相关分析结果如表 5-14 所示。

表 5-14　过度自信偏差与人格的相关矩阵

	Con	*Ex*	*Neu*	*Co*	*Op*	*Ag*	*IP*	*IM*	*IC*
Con	1								
Ex	0.154**	1							
Neu	-0.215**	-0.386**	1						
Co	0.093	0.286**	-0.403**	1					
Op	0.051	0.368**	-0.123*	0.268**	1				
Ag	0.046	0.223**	-0.521**	0.331**	0.168**	1			
Imp	-0.107*	-0.163**	0.412**	-0.630**	-0.293**	-0.466**	1		
IP	-0.121*	-0.258**	0.259**	-0.593**	-0.277**	-0.337**	0.847**	1	
IM	-0.046	0.045	0.435**	-0.458**	-0.080	-0.404**	0.728**	0.351**	1
IC	-0.090	-0.187**	0.278**	-0.439**	-0.369**	-0.369**	0.812**	0.669**	0.337**

采用皮尔逊相关分析来计算过度自信偏差与人格的相关系数，结果如下。

（1）过度自信偏差与外向性显著正相关。

（2）过度自信偏差与神经质显著负相关。

（3）过度自信偏差与冲动性及其一个维度（冲动性规划）呈显著负相关。但是在过度自信和它的其他两个维度（运动冲动性和认知冲动性）之间没有发现相关性。

（4）过度自信偏差与责任心、开放性和宜人性无显著相关。

为了更好地了解人格对过度自信偏差的影响，我们进行回归分析，以过度自信偏差为预测变量，以人口统计学变量（年龄、性别和婚姻状态）为控制变量，以人格因素（外向性、神经质、责任心、开放性和宜人性）为预测变量。逐步回归结果如表 5-15 所示。

表 5-15　人格对过度自信偏差的逐步回归分析

模型	预测变量	标准化的 β	t	P	调整 R^2
1	（常量）		-0.730	0.466	0.044
	Neu	-0.215	-4.362	0.000	
2	（常量）		-0.160	0.873	0.066
	Neu	-0.190	-3.851	0.000	
	MS	0.157	3.185	0.002	
3	（常量）		-0.467	0.641	0.080
	Neu	-0.183	-3.717	0.000	
	MS	0.158	3.226	0.001	
	Gen	0.129	2.662	0.008	

如表 5-15 所示，神经质、婚姻状态和性别进入过度自信偏差的回归方程，预测能力为 8.0%。这意味着不那么神经质的人更有可能过度自信。

（四）过度自信偏差与人际影响的关系

个体的态度或决定必然会受到周围人的影响，过度自信偏差也不例外。因此，要全面了解过度自信偏差的影响因素,就需要考虑人际影响。为初步检验人际影响对过度自信偏差的影响,我们进行了相关分析,结果见表5-16。

表5-16 过度自信偏差与人际影响的相关矩阵

	Con	*FaIn*	*FaIE*	*FaWE*	*CoIn*	*CoIE*	*CoWE*	*FrIn*	*FrIE*	*FrWE*
Con	1									
FaIn	0.198**	1								
FaIE	0.149**	0.827**	1							
FaWE	0.181**	0.835**	0.382**	1						
CoIn	0.107*	0.485**	0.449**	0.358**	1					
CoIE	0.104*	0.393**	0.484**	0.172**	0.820**	1				
CoWE	0.072	0.405**	0.257**	0.415**	0.827**	0.356**	1			
FrIn	0.080	0.497**	0.453**	0.374**	0.841**	0.686**	0.699**	1		
FrIE	0.076	0.445**	0.476**	0.266**	0.718**	0.790**	0.396**	0.844**	1	
FrWE	0.059	0.395**	0.290**	0.367**	0.704**	0.370**	0.785**	0.845**	0.427**	1

采用皮尔逊相关分析来计算过度自信偏差与人际影响的相关系数,结果如下。

(1)过度自信偏差与家人影响力及其两个维度(家人具有金融投资经验的比例、家人从事金融服务行业的比例)显著正相关。

(2)过度自信的偏差与同伴影响及其两个维度(同伴有金融投资经验的比例和同伴从事金融服务行业的比例)呈极显著的正相关关系,这种相关性要高于家人影响力。

(3)过度自信偏差与朋友影响力及其两个维度(朋友有金融投资经验的比例、朋友从事金融服务行业的比例)之间不存在显著相关。

为了更好地探究人际关系对过度自信偏差的影响,我们采用回归分析,将过度自信偏差作为预测变量,将人口统计学变量(年龄、性别和婚姻状态)作为控制变量,将人际关系影响因素(包括朋友有金融投资经验的比例、朋友从事金融服务行业的比例、家人有金融投资经验的比例、家人从事金融服务行业的比例、同伴有金融投资经验的比例和同伴从事金融服务行业的比例)作为预测变量。逐步回归结果如表 5-17 所示。

表 5-17　人际对过度自信偏差的逐步回归分析

模型	预测变量	标准化的 β	t	P	调整 R^2
1	(常量)		-3.969	0.000	0.038
	Age	0.200	4.107	0.000	
2	(常量)		-4.038	0.000	0.068
	Age	0.198	4.129	0.000	
	FaWE	0.179	3.735	0.000	

如表 5-17 所示,个体人际影响因素(家人从事金融服务行业的比例)和年龄进入过度自信偏差的回归方程,预测能力为 6.8%。这意味着,从事金融服务行业的家庭人数较多的个体,更有可能存在较高的过度自信偏差。

二、金融知识影响因素研究及金融知识自我评价

为了进一步理解人们在过度自信偏差上的差异,我们需要仔细研究金融知识和金融知识自我评价的相关影响因素,这是计算过度自信偏差的基础。

采用问卷第二部分的问题 14 来衡量金融知识,共有 3 个维度:计算能力(测试的概念,如分数、百分数、除法、乘法和概率)、简单金融知识(包括复利、通货膨胀、

货币的时间价值和“货币幻觉”）和复杂金融知识（涵盖了债券和股票之间的差异以及风险和多样化的影响）。同时，在问卷中使用了两个问题来测量个体的金融知识自我评价，一个问题是测量个体对金融知识的“绝对”自我评估，要求被试评估他们认为自己对金融知识了解多少；另一个问题是对金融知识的“相对”自我评价，也就是要求被试评估与他人相比自己对金融知识的了解程度。

（一）金融知识、金融知识自我评价与人口统计学变量的关系

为了了解金融知识、金融知识自我评价及其影响因素，我们首先考察金融知识和金融知识自我评价的人口统计学差异，相关分析结果如表 5-18 所示。

表 5-18　金融知识、金融知识自我评价与人口统计学变量的相关矩阵

	SEFL	*FL*	*Nu*	*BFL*	*SFL*	*Gen*	*Age*	*MS*	*Ed*	*DE*
SEFL	1									
FL	0.133**	1								
Nu	0.048	0.634**	1							
BFL	0.040	0.752**	0.236**	1						
SFL	0.188**	0.752**	0.210**	0.345**	1					
Gen	0.189**	0.014	0.042	−0.062	0.053	1				
Age	0.187**	−0.076	−0.147**	0.057	−0.084	0.090	1			
MS	0.196**	−0.064	−0.157**	0.067	−0.063	−0.004	0.648**	1		
Ed	0.033	0.269**	0.278**	0.146**	0.168**	0.211**	−0.063	−0.036	1	
DE	0.262**	0.040	0.012	0.034	0.037	0.077	0.032	0.003	0.167**	1

具体来说，采用皮尔逊相关分析来计算金融知识、金融知识自我评价和人口统计学变量的相关系数。结果显示，金融知识和金融知识自我评价受到不同的人口

统计学变量的影响。具体来说：

(1)在金融知识的自我评价上存在显著的性别差异：男性认为比女性拥有更好的金融知识，而实际上男性和女性在金融知识上并没有显著差异。

(2)金融知识的自我评价与年龄之间存在显著的相关关系：年长的人往往认为比年轻的人拥有更好的金融知识，而实际上年轻人和老年人在金融知识上没有显著差异。

(3)不同婚姻状态的被试其金融知识自我评价有显著差异：已婚的人认为比未婚的人有更好的金融知识，而实际上已婚和未婚状态下金融知识没有显著差异。

(4)金融知识与受通识教育程度存在显著的相关性：受教育程度较高的人往往比受教育程度较低的人具有较高的金融知识素养，但人们往往忽略了这种差异。

(5)金融知识自我评价与专业教育水平显著相关：经济学、金融或会计专业的人往往被认为比那些没有系统地学习过经济学、金融或会计的人拥有更多的知识，而实际上根本没有明显的区别。

(二)金融知识、金融知识自我评价与个体经历因素的关系

之前的分析表明，我们可以通过了解个体的基本背景，大致确定哪些人可能具有较丰富的金融知识。为了揭示更多的影响金融知识和金融知识自我评价的因素，我们将个体经历因素考虑在内。具体来说，这里的个体经历因素包括工作经验(一般工作经验和金融服务业工作经验)和金融投资年限。相关分析结果如表5-19所示。

表5-19　金融知识、金融知识自我评价与个体经历因素的相关矩阵

	SEFL	*FL*	*Nu*	*BFL*	*SFL*	*Ed*	*DE*	*YoW*	*WE*1	*YoI*
SEFL	1									

续　表

	SEFL	FL	Nu	BFL	SFL	Ed	DE	YoW	WE1	YoI
FL	0.133**	1								
Nu	0.048	0.634**	1							
BFL	0.04	0.752**	0.236**	1						
SFL	0.188**	0.752**	0.210**	0.345**	1					
Ed	0.033	0.269**	0.278**	0.146**	0.168**	1				
DE	0.262**	0.04	0.012	0.034	0.037	0.167**	1			
YoW	0.152**	-0.085	-0.182**	0.065	-0.081	-0.208**	0.019	1		
WE1	0.234**	0.116*	-0.021	-0.048	0.168**	-0.036	0.264**	-0.026	1	
YoI	0.416**	0.082	-0.06	0.171**	0.051	0.055	0.131**	0.430**	0.109*	1

具体来说,运用皮尔逊相关分析来计算金融知识、金融知识自我评价与个体经历因素(包括工作经验和金融投资年限)的相关系数,结果如下。

(1)金融知识自我评价与工作年限显著正相关,金融知识与工作年限不显著相关;也就是说,拥有较长工作经验的人往往被认为财务知识水平较高,但实际上并非如此。

(2)有无金融服务业工作经验的被试在金融知识自我评价上存在显著差异:有金融服务业工作经验的个体往往被认为具有较高的金融知识。有金融服务业工作经验和没有金融服务业工作经验的被试在简单金融知识和复杂金融知识上也存在显著差异,但差异不像金融知识自我评价的差异那么显著。换句话说,有金融服务业工作经验的人被认为具有相当高的金融知识素养,而实际上他们只比没有金融工作经验的人高一点点。

(3)与工作年限相似,金融知识自我评价与金融投资年限显著正相关,金融知识与金融投资年限不显著相关；也就是说，拥有较丰富金融投资经验的人被认为具有较多的金融知识，但实际上并非如此。

为了更好地理解个体经历的影响在金融知识和金融知识的自我评价的作用机制，我们采用回归分析，将金融知识和金融知识的自我评价分别作为预测变量，将人口统计学变量（年龄、性别和婚姻状态）作为控制变量，将个体经历因素（包括工作年限、金融服务行业工作经验、金融投资年限、教育）作为预测变量，逐步回归结果如表 5-20 所示。

表 5-20　个体经历因素对金融知识自我评价的逐步回归分析

模型	预测变量	标准化的 β	t	P	调整 R^2
1	（常量）		-0.012	0.990	0.171
	YoI	0.416	8.993	0.000	
2	（常量）		-2.020	0.044	0.211
	YoI	0.392	8.616	0.000	
	DE	0.206	4.541	0.000	
3	（常量）		-2.354	0.019	0.231
	YoI	0.382	8.480	0.000	
	DE	0.197	4.388	0.000	
	Gen	0.147	3.273	0.001	
4	（常量）		1.231	0.219	0.245
	YoI	0.372	8.324	0.000	
	DE	0.163	3.546	0.000	
	Gen	0.136	3.064	0.002	
	*WE*1	0.134	2.908	0.004	

如表5-20所示，三个经验因素（金融投资年限、金融相关专业和金融服务业工作经验）和性别进入最后的回归方程模型，预测能力为24.5%。这意味着拥有金融服务行业工作经验和较长金融投资经验的男性更有可能被认为拥有更多的金融知识。现在让我们来看看个体经历因素的影响因素，逐步回归结果如表5-21所示。

表5-21　个体经历因素对金融知识的逐步回归分析

模型	预测变量	标准化的 β	t	P	调整 R^2
1	（常量）		-4.755	0.000	0.078
	Ed	0.283	5.795	0.000	
2	（常量）		-5.398	0.000	0.090
	Ed	0.280	5.779	0.000	
	*WE*1	0.121	2.500	0.013	

如表5-21中个体经历因素对金融知识的逐步回归分析所示，两个经验因素（通识教育和金融服务业工作经历）进入最终的回归方程，预测能力为9.0%。这意味着，具有金融服务业工作经验、受教育程度较高的个体，更有可能拥有更多的金融知识。通过对金融知识、金融知识自我评价与个体经历因素之间关系的分析，可以发现金融知识和金融知识自我评价受到不同的因素的影响。

（三）金融知识、金融知识自我评价与人格的关系

研究表明，年纪较大，有系统的经济、金融或会计教育经历，有金融服务行业工作经验和较长金融投资经验的已婚男性更容易被误认为有更多的金融知识。但大家却常常忽略了一点，即受教育程度越高的人对金融的了解程度就越高。那么，人格因素对金融知识的主观评价和客观评价是否也有不同的影响？相关分析结果如

表 5-22 所示。

表 5-22　金融知识、金融知识自我评价与人格的相关矩阵

	SEFL	*FL*	*Nu*	*BFL*	*SFL*	*Ex*	*Neu*	*Co*	*Op*	*Ag*	*Imp*	*IP*	*IM*	*IC*
SEFL	1													
FL	0.133**	1												
Nu	0.048	0.634**	1											
BFL	0.040	0.752**	0.236**	1										
SFL	0.188**	0.752**	0.210**	0.345**	1									
Ex	0.207**	0.001	-0.009	-0.013	0.023	1								
Neu	-0.240**	0.045	0.073	0.018	0.013	-0.386**	1							
Co	0.203**	0.077	0.014	0.100*	0.046	0.286**	-0.403**	1						
Op	0.181**	0.109*	0.106*	0.050	0.082	0.368**	-0.123*	0.268**	1					
Ag	0.086	0.023	-0.012	0.052	0.007	0.223**	-0.521**	0.331**	0.168**	1				
Imp	-0.279**	-0.135**	-0.015	-0.108*	-0.153**	-0.163**	0.412**	-0.630**	-0.293**	-0.466**	1			
IP	-0.275**	-0.112*	-0.018	-0.099*	-0.114*	-0.258**	0.259**	-0.593**	-0.277**	-0.337**	0.847**	1		
IM	-0.158**	-0.096	0.004	-0.070	-0.127*	0.045	0.435**	-0.458**	-0.080	-0.404**	0.728**	0.351**	1	
IC	-0.235**	-0.114*	-0.023	-0.088	-0.123*	-0.187**	0.278**	-0.439**	-0.369**	-0.369**	0.812**	0.669**	0.337**	1

采用皮尔逊相关分析来计算金融知识、金融知识自我评价与人格的相关系数，结果如下。

(1)金融知识自我评价与外向性显著正相关。总体而言，外向者比内向者更容易对自己的金融知识给予较高的评价；而金融知识的客观评价与外向性没有显著相关。

(2)金融知识自我评价与神经质显著负相关,神经质程度越低的个体对金融知识评价越高;但金融知识的客观评价与神经质之间无显著相关。

(3)金融知识和金融知识自我评价与责任心显著正相关,责任心越高的个体对自身金融知识总体评价越高;但金融知识的客观评价与责任心之间不存在显著的相关关系。

(4)金融知识自我评价与开放性显著正相关,即越开放的个体对自身金融知识的总体评价越高;虽然金融知识与开放度之间也存在显著的正相关关系,但其相关性不如金融知识自我评价与开放性之间的相关性强。

(5)金融知识自我评价与冲动性及其各维度(冲动性计划、运动冲动性和认知冲动性)显著负相关。换句话说,冲动程度越低的人对自己的金融知识的总体评价越高;金融知识与冲动性及其两个维度(冲动性计划和认知冲动性)也显著负相关。

(6)金融知识自我评价与宜人性无显著相关,金融知识和宜人性之间也没有相关性。

为了更好地理解人格对金融知识和金融知识自我评价的影响机制,我们采用回归分析,将金融知识和金融知识的自我评价分别作为预测变量,将人口统计学变量(年龄、性别和婚姻状态)作为控制变量,将人格因素(包括外向性、神经质、责任心、开放性和宜人性;为了容易理解,我们只考虑五大人格特质)作为预测变量。金融知识自我评价的逐步回归结果如表5-23所示。

表5-23　人格对金融知识自我评价的逐步回归分析

模型	预测变量	标准化的β	t	P	调整R^2
1	(常量)		0.817	0.414	0.056
	Neu	-0.241	-4.973	0.000	

续 表

模型	预测变量	标准化的 β	t	P	调整 R^2
2	（常量）		0.318	0.751	0.085
	Neu	-0.232	-4.846	0.000	
	Gen	0.178	3.726	0.000	
3	（常量）		0.959	0.338	0.109
	Neu	-0.205	-4.295	0.000	
	Gen	0.180	3.825	0.000	
	MS	0.162	3.390	0.001	
4	（常量）		0.944	0.346	0.135
	Neu	-0.183	-3.846	0.000	
	Gen	0.185	3.973	0.000	
	MS	0.173	3.676	0.000	
	Op	0.169	3.613	0.000	

如表 5-23 所示，将两种性格特征（神经质、开放性）与性别、婚姻状态共同纳入金融知识自我评价的回归方程，预测能力为 13.5%。正如我们在相关分析中发现的那样，越不神经质、越开放的人越有可能对自己的金融知识给予较高的评价。现在让我们来看看客观评价金融知识的回归分析，金融知识的逐步回归结果如表 5-24 所示。

表 5-24　人格对金融知识的逐步回归分析

预测变量	标准化的 β	t	P	调整 R^2
（常量）		1.694	0.091	0.053
Op	0.107	2.166	0.031	

如表 5-24 所示，只有开放性进入金融知识的回归方程，其预测能力为 5.3%。这意味着更开放的个体更有可能拥有更多的金融知识。通过对金融知识、金融知识自我评价与人格的关系分析，我们可以证实金融知识和金融知识自我评价受不同的因素的影响。

(四)金融知识、金融知识自我评价与人际影响的关系

知识(金融知识)可以从周围的人那里学习，对知识的自我评价也会受到我们认识的人的影响。因此，要全面了解金融知识和金融知识自我评价的影响因素，就必须考虑人际影响。人际影响变量对金融知识和金融知识自我评价的影响进行了初步的相关分析，结果如表 5-25 所示。

表 5-25　金融知识、金融知识自我评价与人际影响的相关矩阵

	SEFL	FL	Nu	BFL	SFL	FaIn	FaIE	FaWE	CoIn	CoIE	CoWE	FrIn	FrIE	FrWE
SEFL	1													
FL	0.133**	1												
Nu	0.048	0.634**	1											
BFL	0.040	0.752**	0.236**	1										
SFL	0.188**	0.752**	0.210**	0.345**	1									
FaIn	0.274**	0.009	-0.032	0.052	-0.006	1								
FaIE	0.255**	0.055	-0.026	0.076	0.058	0.827**	1							
FaWE	0.201**	-0.039	-0.028	0.011	-0.066	0.835**	0.382**	1						
CoIn	0.293**	0.146**	0.093	0.113*	0.106*	0.485**	0.449**	0.358**	1					
CoIE	0.279**	0.136**	0.055	0.136**	0.096	0.393**	0.484**	0.172**	0.820**	1				
CoWE	0.204**	0.104*	0.098*	0.052	0.078	0.405**	0.257**	0.415**	0.827**	0.356**	1			

续 表

	SEFL	FL	Nu	BFL	SFL	FaIn	FaIE	FaWE	CoIn	CoIE	CoWE	FrIn	FrIE	FrWE
FrIn	0.307**	0.195**	0.140**	0.130**	0.148**	0.497**	0.453**	0.374**	0.841**	0.686**	0.699**	1		
FrIE	0.257**	0.151**	0.092	0.110*	0.120*	0.445**	0.476**	0.266**	0.718**	0.790**	0.396**	0.844**	1	
FrWE	0.261**	0.178**	0.145**	0.109*	0.130**	0.395**	0.290**	0.367**	0.704**	0.370**	0.785**	0.845**	0.427**	1

具体来看,采用皮尔逊相关分析来计算金融知识、金融知识自我评价和人际影响的相关系数,结果如下。

(1)金融知识自我评价和金融知识客观评价与朋友影响力及其两个维度(朋友有金融投资经验的比例和朋友从事金融服务行业的比例)均显著正相关。也就是说,朋友从事金融服务行业较多或有金融投资经验的朋友较多的个体,无论是金融知识的自我评价还是对金融知识的客观评价都可能较高。

(2)金融知识自我评价与家人影响力及其两个维度(家人具有金融投资经验的比例和家人从事金融服务行业的比例)显著正相关。金融知识的客观评价与家人影响力及其两个维度(家人具有金融投资经验的比例和家人从事金融服务行业的比例)之间不存在显著相关。

(3)金融知识、金融知识自我评价与家人影响力、家人有金融投资经验的比例均显著正相关。而金融知识与金融知识自我评价以及家人从事金融服务行业比例之间不存在显著的相关关系。

(4)金融知识和金融知识自我评价与同伴影响力及其两个维度(有金融投资经验的同伴比例和从事金融服务行业的同伴比例)显著正相关。换句话说,朋友从事金融服务行业多的或朋友有更多金融投资经验的个体,其金融知识和金融知识自我评价较高的可能性更大。

为了更好地理解人际因素对金融知识和金融知识的自我评价的影响,我们采用回归分析，将金融知识和金融知识自我评价分别作为预测变量，将人口统计学变量（年龄、性别和婚姻状态）作为控制变量，将人际关系影响（包括朋友有金融投资经验的比例、朋友从事金融服务行业的比例、家人有金融投资经验的比例、家人从事金融服务行业的比例、同伴有金融投资经验的比例、同伴从事金融服务行业的比例）作为预测变量。首先，对金融知识自我评价进行回归分析，逐步回归结果如表5-26所示。

表5-26　人际影响对金融知识自我评价影响的逐步回归分析

模型	预测变量	标准化的β	t	P	调整R^2
1	（常量）		0.778	0.437	0.071
	CoIE	0.270	5.618	0.000	
2	（常量）		0.884	0.377	0.098
	CoIE	0.200	3.920	0.000	
	FrWE	0.186	3.645	0.000	
3	（常量）		1.548	0.122	0.121
	CoIE	0.167	3.256	0.001	
	FrWE	0.197	3.899	0.000	
	MS	0.162	3.400	0.001	
4	（常量）		1.100	0.272	0.145
	CoIE	0.159	3.137	0.002	
	FrWE	0.184	3.691	0.000	
	MS	0.164	3.502	0.001	
	Gen	0.161	3.479	0.001	
5	（常量）		1.077	0.282	0.156

续 表

模型	预测变量	标准化的 β	t	P	调整 R^2
	CoIE	0. 103	1. 866	0. 063	
	FrWE	0. 167	3. 340	0. 001	
5	*MS*	0. 161	3. 450	0. 001	
	Gen	0. 159	3. 450	0. 001	
	FaIE	0. 130	2. 457	0. 014	

如表 5-26 所示,三种人际关系影响因素(同伴有金融投资经验的比例、朋友从事金融服务行业的比例、家人有金融投资经验的比例)以及婚姻状态和性别进入回归方程,预测能力为 15. 6%。有金融投资经历的同伴越多、从事金融服务行业的朋友越多和有金融投资经历的家人越多的被试,其金融知识自我评价越高。人际关系对金融自我评价的影响是明显的。接下来,对金融知识客观评价进行回归分析,逐步回归结果如表 5-27 所示。

表 5-27 人际影响对金融知识影响的逐步回归分析

模型	预测变量	标准化的 β	t	P	调整 R^2
1	(常量)		1. 775	0. 077	0. 071
	FrWE	0. 179	3. 648	0. 000	
2	(常量)		1. 853	0. 065	0. 099
	FrWE	0. 223	4. 247	0. 000	
	FaWE	- 0. 119	- 2. 276	0. 023	

如表 5-27 所示,两种人际关系影响因素(朋友从事金融服务行业的比例和家

人从事金融服务行业的比例)进入回归方程,预测能力为9.9%。从事金融服务行业的朋友多或家人少的被试,其金融知识素养较高。

第三节　金融投资智慧影响因素及其作用机制分析

这部分是我国样本实证研究结果的最后一部分,重点探讨投资智慧与其影响因素之间的关系以及可能的机制。以期望效用理论为基础,通过问卷调查第三部分的投资任务,构建金融投资智慧。首先,对金融投资智慧指数进行计算,其中对投资智慧建构调整的逻辑进行解释。其次,对投资任务中反映出的风险偏好进行测试,以确认外部效度。最后,对投资任务的影响因素及作用机制进行分析。

一、金融投资智慧建构调整

如前所述,金融投资智慧指数的计算方法如下:

金融投资智慧 = p × 主导因素 + q × 不变性因素 + r × 主导因素 × 不变性因素

$$= p \times \frac{\frac{1}{n}\sum_{j=1}^{n}\sigma_{iP_j} + \frac{\bar{X}_i}{\bar{X}}\%}{\frac{1}{m}\sum_{k=1}^{m}\sigma_{iR_k} + \frac{\bar{X}_i}{\bar{X}}\%} + q \times \frac{a}{n \times (m-1)} + r \times \frac{\frac{1}{n}\sum_{j=1}^{n}\sigma_{iP_j} + \frac{\bar{X}_i}{\bar{X}}\%}{\frac{1}{m}\sum_{k=1}^{m}\sigma_{iR_k} + \frac{\bar{X}_i}{\bar{X}}\%} \times \frac{a}{n \times (m-1)}$$

考虑到数据采集过程中发生的情况,应该取消代理(替代)变量。因为不同时间参与研究的对象之间的投资表现数据不具有可比性,对于同一个体来说,如果在不同的时间收集数据,其对投资表现问题的回答可能会发生巨大的变化。很明显,不同日期收集的数据(甚至由于近因效应而在同一天的不同时间收集的数据)是不可比较的,构建投资表现的替代变量是没有意义的。因此,优势因素×不变性因素将被用来代表投资智慧。

$$投资智慧=优势因素\times不变性因素=\frac{\frac{1}{n}\sum_{j=1}^{n}\sigma_{iP_j}+\frac{\bar{X}_i}{\bar{X}}\%}{\frac{1}{m}\sum_{k=1}^{m}\sigma_{iR_k}+\frac{\bar{X}_i}{\bar{X}}\%}\times\frac{a}{n\times(m-1)}$$

二、投资任务中的风险偏好与一般金融投资风险偏好的关系

为了检验投资任务的外部效度,我们检验了投资任务中体现的风险偏好与一般金融投资风险偏好之间的关系。一般来说,风险偏好是我们首要关注的内容。具体来看,一般金融投资的风险偏好包括行动上的风险偏好(以目前金融投资与储蓄的比率来衡量)和态度上的风险偏好(未来进一步的投资计划)。将行动中的风险偏好和态度中的风险偏好的答案的值转化为标准分,这两个答案的标准分的平均值就构成了一般金融投资的风险偏好值。而投资任务中反映的风险偏好是通过分配给高风险金融产品的资产主张的平均值来衡量的。为了初步检验投资任务中体现的风险偏好与一般金融投资风险偏好之间的关系,我们进行了相关分析,结果见表 5-28。

表 5-28 投资任务中体现的风险偏好与一般金融投资风险偏好的相关矩阵

	Pre	*I*	*PI*	*PreTask*
Pre	1			
I	0. 869**	1		
PI	0. 859**	0. 493**	1	
PreTask	0. 361**	0. 346**	0. 271**	1

注:*PreTask* 代表在投资任务中的反映出的风险偏好标准分。

具体来说,运用皮尔逊相关分析来计算投资任务中反映的风险偏好与一般金融投资风险偏好的相关系数,结果如下:投资任务中体现的风险偏好与一般金融投资风险偏好以及行动风险偏好和态度风险偏好两个维度显著正相关。

为了更好地理解投资任务中反映的风险偏好与一般金融投资风险偏好之间的关系,以投资任务中反映的风险偏好为预测变量,以行动中的风险偏好和态度中的风险偏好为预测变量,进行回归分析。强制回归结果如表 5-29 所示。

表 5-29　行动中的风险偏好和态度中的风险偏好对投资任务中反映的风险偏好的强迫回归分析

预测变量	标准化的 β	t	P	调整 R^2
(常量)		- 0. 802	0. 423	0. 130
I	0. 277	5. 199	0	
PI	0. 14	2. 638	0. 009	

如表 5-29 所示,行动上的风险偏好(当前金融投资储蓄比率)和态度上的风险偏好(未来投资计划)进入回归方程模型,预测能力为 13. 0%。虽然预测能力不是很高,但我们有理由接受这种预测能力,因为在投资任务中只提供了 9 种不同风险等级的风险资产,而在现实生活中有更多的金融产品。投资任务中提供的风险金融产品可能不会像现实生活中所有的金融产品一样吸引那么多的投资者。

因此,在投资任务中分配给 9 种金融产品的资产比例与现实生活中分配给所有金融产品的资产比例必然存在差异,在此基础上计算投资任务中反映的风险偏好和一般金融投资风险偏好。考虑到这一点,13. 0%的预测能力并不低,这一发现证实了投资任务中反映的风险偏好可以很好地代表一般的风险偏好,本研究的外部效度是可以接受的。由于投资任务中的投资决策很好地反映了被试在日常生活中的投资选择，因此我们可以采用上述构建投资智慧指数的方法，对投资任务中的投资决策进行计算，得出每个被试的投资智慧，并探讨投资智慧的影响因素和作用机制。

三、金融投资智慧的影响因素分析

（一）金融投资智慧与人口统计学变量的关系

为了初步揭示不同人群之间的投资智慧是否存在差异，我们对人口统计学变量对金融投资智慧的影响进行了相关分析，结果如表 5-30 所示。

表 5-30　金融投资智慧与人口统计学变量的相关矩阵

	IW	*Inv*	*Dom*	*Gen*	*Age*	*MS*	*Ed*	*DE*
IW	1							
Inv	0. 573**	1						
Dom	0. 201**	0. 063	1					
Gen	0. 056	0. 071	0. 021	1				
Age	-0. 016	0. 014	-0. 161**	0. 090	1			
MS	-0. 052	-0. 009	-0. 096	-0. 004	0. 648**	1		
Ed	0. 089	0. 087	-0. 037	0. 211**	-0. 063	-0. 036	1	
DE	0. 128*	0. 146**	-0. 023	0. 077	0. 032	0. 003	0. 167**	1

注：*IW* 代表投资智慧标准分；*nv* 代表投资智慧不变性因子；*Dom* 代表投资智慧主导因素。下同。

具体来看，运用皮尔逊相关分析来计算投资智慧与人口统计变量的相关系数，结果如下。

(1)男性和女性被试在投资智慧上没有显著差异。

(2)投资智慧在年龄上不存在显著相关性。

(3)已婚个体和未婚个体在投资智慧上没有显著差异。

(4)投资智慧在不同教育水平上不存在显著相关性。

(5)经济、金融或会计专业的被试比非经济、金融或会计专业的被试具有更高的投资智慧。

(二)金融投资智慧与个体经历的关系

金融投资智慧与男性和女性,老年人和年轻人,已婚和单身以及不同的通识教育程度是没有关联的,而与是否接受经济、金融、会计等专业教育有关。为了探究投资智慧的影响因素,我们将个体经历因素考虑在内。具体来看,个体经历因素包括工作经验(一般工作经验和金融服务业工作经验)、金融投资年限和金融知识(包括计算能力、简单金融知识和复杂金融知识)。为了初步检验个体经历对投资智慧的影响,我们进行相关分析,结果见表5-31。

表5-31　金融投资智慧与个体经历的相关矩阵

	IW	*Inva*	*Dom*	*YoW*	*WE*1	*YoI*	*FL*	*Nu*	*BFL*	*SFL*
IW	1									
Inva	0.573**	1								
Dom	0.201**	0.063	1							
YoW	-0.043	-0.008	-0.181**	1						
*WE*1	0.169**	0.088	0.090	-0.026	1					
YoI	0.005	0.106*	0.010	0.430**	0.109*	1				
FL	0.080	0.057	0.048	-0.085	0.116*	0.082	1			

续　表

	IW	Inva	Dom	YoW	WE1	YoI	FL	Nu	BFL	SFL
Nu	0. 059	0. 093	- 0. 008	- 0. 182**	- 0. 021	- 0. 060	0. 634**	1		
BFL	0. 051	- 0. 024	0. 078	0. 065	- 0. 048	0. 171**	0. 752**	0. 236**	1	
SFL	0. 063	0. 061	0. 027	- 0. 081	0. 168*	0. 051	0. 752**	0. 210**	0. 345**	1

采用皮尔逊相关分析来计算投资智慧和个体经历(包括金融知识、工作经验和金融投资年限)的相关系数,结果如下。

(1)金融投资智慧与工作年限不存在显著的相关关系。

(2)有金融服务业工作经验的个体金融投资智慧高于没有金融服务业工作经验的个体。

(3)金融投资智慧与金融投资年限之间不存在显著相关。

(4)金融投资智慧与金融知识及其维度(计算能力、简单金融知识和复杂金融知识)之间不存在显著相关。

为了更好地分析个体经历对金融投资智慧的影响,我们采用回归分析,将投资智慧作为预测变量,将人口统计学变量(年龄、性别和婚姻状态)作为控制变量,将个体经历因素(包括工作年限、金融服务行业工作经验、金融投资年限、计算能力、简单金融知识和复杂金融知识)作为预测变量。逐步回归结果如表 5-32 所示。

表 5-32　个体经历对金融投资智慧的逐步回归分析

预测变量	标准化的 β	t	P	调整 R^2
(常量)		2. 919	0. 004	0. 026
WE1	0. 170	3. 400	0. 001	

如表 5-32 所示,只有金融服务行业工作经验进入最终投资智慧模型的回归方程,预测能力为 2.6%。这意味着,拥有金融服务行业工作经验的个体更有可能拥有较高的投资智慧。

(三)金融投资智慧与人格的关系

个体的一些更内在的因素即人格,也应该作为金融投资智慧的影响因素进行研究。本研究采用了两种人格量表分析人格与金融投资智慧之间的关系,相关分析结果如表 5-33 所示。

表 5-33　金融投资智慧与人格的相关矩阵

	IW	*Inv*	*Dom*	*Ex*	*Neu*	*Co*	*Op*	*Ag*	*Imp*	*IP*	*IM*	*IC*
IW	1											
Inv	0.573**	1										
Dom	0.201**	0.063	1									
Ex	-0.034	0.042	0.104*	1								
Neu	0.083	0.076	-0.027	-0.386**	1							
Co	0.087	0.110*	0.098*	0.286**	-0.403**	1						
Op	0.005	0.115*	0.038	0.368**	-0.123*	0.268**	1					
Ag	-0.067	-0.070	-0.025	0.223**	-0.521**	0.331**	0.168**	1				
Imp	-0.011	-0.022	-0.042	-0.163**	0.412**	-0.630**	-0.293**	-0.466**	1			
IP	0.022	0.003	-0.051	-0.258**	0.259**	-0.593**	-0.277**	-0.337**	0.847**	1		
IM	-0.015	-0.017	-0.060	0.045	0.435**	-0.458**	-0.080	-0.404**	0.728**	0.351**	1	
IC	-0.040	-0.043	0.022	-0.187**	0.278**	-0.439**	-0.369**	-0.369**	0.812**	0.669**	0.337**	1

采用皮尔逊相关分析来计算金融投资智慧与人格的相关系数,结果如下:仅考

虑人格因素时,投资智慧与外向性、神经质、责任心、开放性、亲和性、冲动性(或其任何维度)均无显著相关。

(四)金融投资智慧与人际影响的关系

要全面了解金融投资智慧的影响因素,就必须考虑人际影响。为了初步检验人际影响对金融投资智慧的影响,我们进行相关分析,结果见表 5-34。

表 5-34　金融投资智慧与人际影响的相关矩阵

	IW	*Inv*	*Dom*	*FaIn*	*FaIE*	*FaWE*	*CoIn*	*CoIE*	*CoWE*	*FrIn*	*FrIE*	*FrWE*
IW	1											
Inv	0.573**	1										
Dom	0.201**	0.063	1									
FaIn	0.019	0.041	0.090	1								
FaIE	0.048	0.013	0.110*	0.827**	1							
FaWE	-0.015	0.055	0.041	0.835**	0.382**	1						
CoIn	0.115*	0.118*	0.094	0.485**	0.449**	0.358**	1					
CoIE	0.065	0.068	0.044	0.393**	0.484**	0.172**	0.820**	1				
CoWE	0.123*	0.125*	0.111*	0.405**	0.257**	0.415**	0.827**	0.356**	1			
FrIn	0.120*	0.158**	0.047	0.497**	0.453**	0.374**	0.841**	0.686**	0.699**	1		
FrIE	0.072	0.115*	0.044	0.445**	0.476**	0.266**	0.718**	0.790**	0.396**	0.844**	1	
FrWE	0.130**	0.151**	0.036	0.395**	0.290**	0.367**	0.704**	0.370**	0.785**	0.845**	0.427**	1

采用皮尔逊相关分析来计算金融投资智慧与人际影响的相关系数,结果如下。

(1)金融投资智慧与家庭成员影响力及其两个维度(家庭成员具有金融投资经验的比例、家庭成员从事金融服务行业的比例)之间不存在显著相关。

(2)金融投资智慧与朋友影响力及其两个维度之一(朋友从事金融服务行业的比例)呈正相关。

(3)金融投资智慧与同伴影响力及其两个维度之一(同伴从事金融服务行业的比例)呈正相关。

为了更好地理解人际因素对投资智慧的影响,我们采用回归分析,将金融投资智慧作为预测变量,将人口统计学变量(年龄、性别和婚姻状态)作为控制变量,将人际影响(包括朋友有金融投资经验的比例、朋友从事金融服务行业的比例、家人有金融投资经验的比例、家人从事金融服务行业的比例、同伴有金融投资经验的比例、同伴从事金融服务行业的比例)作为预测变量。逐步回归结果如表 5-35 所示。

表 5-35　人际影响对金融投资智慧的逐步回归分析

预测变量	标准化的 β	t	P	调整 R^2
(常量)		0.026	0.979	0.014
FrWE	0.130	2.633	0.009	

如表 5-35 所示,朋友从事金融服务行业的比例进入金融投资智慧的回归方程,预测能力为 1.4%,表明人际关系对金融投资智慧有一定的影响。

我们已经分别探讨了个体因素和人际因素对金融投资智慧的影响,那么将这些因素结合起来考虑,揭示它们的共同影响以及作用机制。

四、金融知识与人际影响对金融投资智慧的交互效应

为了了解金融知识和人际影响对金融投资智慧的综合效应,我们将检验金融知识和人际影响的交互项对金融投资智慧的影响进行相关性分析,结果如表 5-36

所示。

表 5-36 金融投资智慧、人际影响、金融知识以及金融知识与人际影响的交互项的相关矩阵

	IW	*Inv*	*Dom*	*FL*	*FaIn*	*CoIn*	*FrIn*	*FL_FaIn*	*FL_FrIn*	*FL_CoIn*
IW	1									
Inv	0.573**	1								
Dom	0.201**	0.063	1							
FL	0.080	0.057	0.048	1						
FaIn	0.019	0.041	0.090	0.009	1					
CoIn	0.115*	0.118*	0.094	0.146**	0.485**	1				
FrIn	0.120*	0.158**	0.047	0.195**	0.497**	0.841**	1			
FL_FaIn	0.024	0.018	-0.085	0.210**	-0.001	-0.063	-0.048	1		
FL_FrIn	0.153**	0.110*	-0.036	0.194**	-0.056	0.125*	0.115*	0.575**	1	
FL_CoIn	0.147**	0.104*	-0.035	0.273**	-0.070	0.141**	0.124*	0.585**	0.842**	1

采用皮尔逊相关分析来计算金融投资智慧的相关系数以及金融知识与人际影响的交互项,结果如下。

(1)金融投资智慧与金融知识和家人影响力的交互项不存在显著相关。

(2)金融投资智慧与金融知识和朋友影响力的交互项显著正相关。

(3)金融投资智慧与金融知识和同伴影响力的交互项显著正相关。

为了更好地理解金融知识和人际影响对金融投资智慧的交互效应,我们采用了 Baron 和 Kenny 提出的层次回归分析。第一步,以金融投资智慧为预测变量,以金融知识和人际影响为预测变量进行回归分析。第二步,以金融投资智慧作为预测变量进行回归分析,以金融知识、人际影响及金融知识与人际影响的交互项为预测变量，并观察 R^2 值的增加，以检验金融知识与人际影响的交互项在金融投资智慧预测中是否显著，分析结果如表 5-37、表 5-38 所示（注：由于金融投资智慧与金融知识和家人影响的交互项不存在显著的相关关系，故不做进一步分析）。

表 5-37　金融知识与同伴影响力对金融投资智慧的交互效应

	标准化回归方程	调整 R^2	增加 R^2
第一步	$IW = 0.065FL + 0.105CoIn$	0.012	
第二步	$IW = 0.032FL + 0.092CoIn + 0.125FL \times CoIn$	0.024	0.012**

表 5-38　金融知识与朋友影响力对金融投资智慧的交互效应

	标准化回归方程	调整 R^2	增加 R^2
第一步	$IW = 0.065FL + 0.107FrIn$	0.013	
第二步	$IW = 0.035FL + 0.097FrIn + 0.135FL \times FrIn$	0.028	0.015**

层次回归分析结果表明，在金融投资智慧回归模型中，金融知识与人际影响存在显著的交互作用。总体而言，人际影响有助于提升金融投资智慧，而金融知识本身对金融投资智慧的影响并不显著。但当考虑到交互效应时，金融知识和人际影响对金融投资智慧有一定的影响。

为了探究金融知识和同伴影响力对金融投资智慧的作用机制，我们选择同伴影响力比平均值高/低 1 个标准差的被试，对其进行简单斜率分析。同伴影响力高的个体，其金融知识能显著正向预测金融投资智慧（简单斜率 = 0.1762，t = 2.5503，$P < 0.05$）；而同伴影响力低的个体，其金融知识不能显著预测金融投资智慧（简单斜率 =− 0.1011，t = 1.1413，P = 0.2544）。具体如图 5-5 所示。

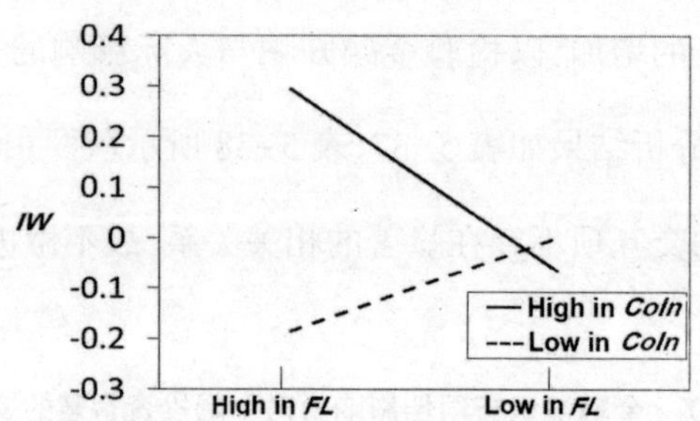

图 5-5　金融知识与同伴影响力对金融投资智慧的交互效应

为了进一步分析金融知识和朋友影响力对金融投资智慧的作用机制，我们选择朋友影响力高/低比平均值高/低 1 个标准差的被试，对其进行简单斜率分析。朋友影响力高的个体，其金融知识能显著正向预测金融投资智慧（简单斜率 = 0.1914，t = 2.6628，P < 0.01）；而对于受朋友影响力较低的个体，他们的金融知识不能显著预测金融投资智慧（简单斜率 =－0.1104，t = 1.3050，P = 0.1926）。具体如图 5-6 所示。

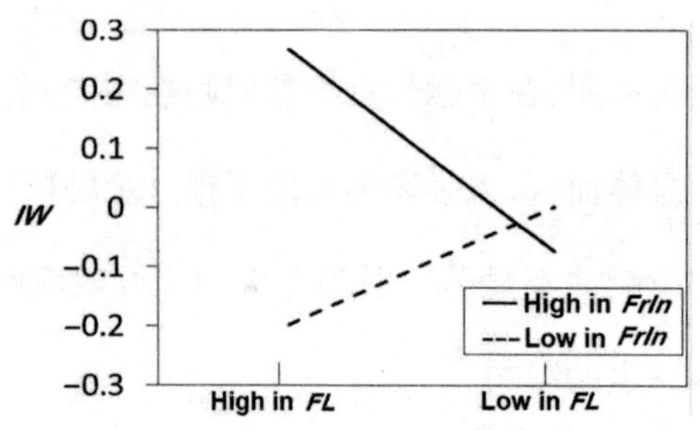

图 5-6　金融知识与朋友影响力对金融投资智慧的交互效应

为进一步揭示朋友影响力与金融知识的交互效应对金融投资智慧的作用机制，我们采用回归分析，将金融投资智慧作为预测变量，将人口统计学变量（年龄、性别和婚姻状态）作为控制变量，将金融知识、朋友有金融投资经验的比例、朋友从事金融服务行业的比例、金融知识与朋友有金融投资经验比例的交互项，以及金融知识与朋友从事金融服务行业的比例的交互项作为预测变量。逐步回归结果如表 5-39 所示。

表 5-39　朋友影响力、金融知识及其交互项对金融投资智慧的逐步回归分析

模型	预测变量	标准化的 β	t	P	调整 R^2
1	（常量）		-0.697	0.486	0.030
	FL_FrWE	0.180	3.664	0.000	
2	（常量）		-0.603	0.547	0.038
	FL_FrWE	0.163	3.285	0.001	
	FrWE	0.105	2.112	0.035	

如表 5-39 所示，朋友从事金融服务行业的比例以及金融知识和朋友从事金融服务行业的比例的交互项进入最后的回归方程模型，预测能力为 3.8%。第一步，回归分析将金融投资智慧作为预测变量，将金融知识和从事金融服务行业的比例作为预测变量。第二步，将金融投资智慧作为预测变量进行回归分析，将金融知识、朋友从事金融服务行业的比例及金融知识与朋友从事金融服务行业的比例的交互项作为预测变量，并检验 R^2 的增加，以此来判断金融知识与从事金融服务行业朋友的比例的交互项在金融投资智慧预测中是否显著，分析结果如表 5-40 所示。

表 5-40　金融知识与朋友从事金融服务行业的比例对金融投资智慧的交互效应

	标准化回归方程	调整 R^2	增加 R^2
第一步	$IW = 0.059FL + 0.119FrWE$	0.015	
第二步	$IW = 0.039FL + 0.097FrWE + 0.158FL \times FrWE$	0.037	0.022^{**}

为了探究金融知识和朋友从事金融服务行业的比例对金融投资智慧的确切影响,我们选取朋友从事金融服务行业的比例高/低的被试,在比平均值高/低 1 个标准差的情况下进行简单斜率分析。朋友金融投资经验比例高的个体,其金融知识对投资智慧有显著的预测作用(简单斜率 = 0.2333, t = 3.0841, P < 0.01);而朋友从事金融服务行业的比例较低的个体,其金融知识不能显著预测金融投资智慧(简单斜率 = -0.1488, t = -1.7314, P = 0.0841)。对 3 组人群的金融投资智慧差异进行方差分析(金融知识少但朋友从事金融服务行业的比例高;金融知识普及程度低且朋友从事金融服务行业的比例低;金融知识高但朋友从事金融服务行业的比例低),结果表明投资智慧方式无显著差异(F = 0.373, P = 0.696)。因此,我们可以得出结论,只有金融知识水平高,并且有很多朋友从事金融服务行业的个体才具有较高的投资智慧,如图 5-7 所示。

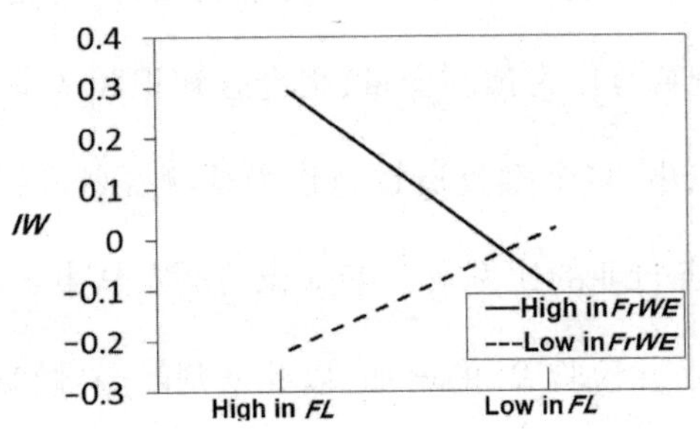

图 5-7　金融知识与朋友从事金融服务行业的比例对金融投资智慧的交互效应

同样,为进一步揭示同伴影响力与金融知识的交互效应对金融投资智慧的影响,我们采用回归分析,将金融投资智慧作为预测变量,将人口统计学变量(年龄、性别和婚姻状态)作为控制变量,将金融知识、同伴有金融投资经验的比例、同伴从事金融服务行业的比例、金融知识与同伴有金融投资经验的比例的交互项以及金融知识与同伴从事金融服务行业的比例的交互项作为预测变量。逐步回归结果如

表 5-41 所示。

表 5-41　同伴影响力、金融知识及其交互项对金融投资智慧的逐步回归分析

预测变量	标准化的 β	t	P	调整 R^2
（常量）		-0.350	0.727	0.024
FL_CoWE	0.163	3.302	0.001	

如表 5-41 所示，只有金融知识和同伴从事金融服务行业的比例的交互项进入最后的回归方程模型，对投资智慧的预测能力为 2.4%。第一步，回归分析以金融投资智慧为预测变量，以金融知识和同伴从事金融服务行业的比例为预测变量。第二步，以金融投资智慧作为预测变量进行回归分析，以金融知识、同伴从事金融服务行业的比例以及金融知识与同伴从事金融服务行业的比例的交互项作为预测变量，并检验 R^2 的增加，以此来判断金融知识与同伴从事金融服务行业的比例的交互项在金融投资智慧预测中是否显著，分析结果如表 5-42 所示。

表 5-42　金融知识与同伴从事金融服务行业的比例对金融投资智慧的交互效应

	标准化回归方程	调整 R^2	增加 R^2
第一步	$IW = 0.068FL + 0.116CoWE$	0.015	
第二步	$IW = 0.039FL + 0.095CoWE + 0.137FL \times CoWE$	0.030	0.015**

为了探究金融知识和同伴从事金融服务行业的比例对金融投资智慧的确切影响，我们选择同伴从事金融服务行业的比例高/低的被试，在比平均值高/低 1 个标准差的情况下进行简单斜率分析。同伴金融投资经验比例高的个体，其金融知识能显著预测金融投资智慧（简单斜率 = 0.1968，$t = 2.8009$，$P < 0.01$）；而同伴从事金融服务行业的比例较低的个体，其金融知识不能显著预测金融投资智慧（简单斜

率 =- 0.1107, t =- 1.2718, P = 0.2042)。对 3 组人群的金融投资智慧差异进行方差分析(金融知识低但同伴从事金融服务行业的比例高;金融知识程度低且同事从事金融服务行业的比例低;金融知识高但同伴从事金融服务行业的比例低),结果表明金融投资智慧方式无显著差异(F = 0.352, P = 0.710)。因此,我们可以得出结论,只有具备较高的金融知识,并且有很多同伴从事金融服务行业的个体才具有较高的金融投资智慧,具体如图 5-8 所示。

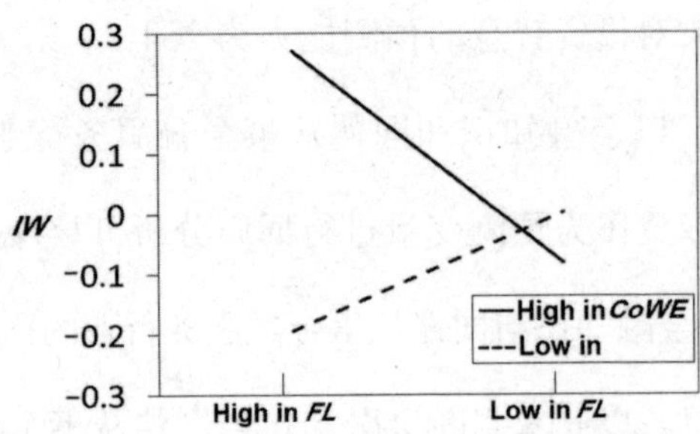

图 5-8　金融知识与同伴从事金融服务行业的比例对金融投资智慧的交互效应

第四节　金融投资理性评估总结

一、投资能力评估偏差研究综述

在人口统计学因素方面,个体的投资能力评估偏差没有因为性别、年龄、婚姻状态、教育水平、专业背景的不同而有所不同。

在控制性别、年龄和婚姻状态影响后,采用逐步回归分析的方法分别探究个体经历因素、人格因素以及人际影响因素对个体投资能力评估偏差的预测作用发现:

(1)个体经历因素中,复杂金融知识和简单金融知识均可以负向预测投资能力评估偏差。

(2)人格因素中,开放性可以正向预测投资能力评估偏差,尽责性则会负向预测投资能力评估偏差。

(3)人际影响因素中,所有人际影响因素单独均无法预测个体的投资能力评估偏差。

为了深入探究上述影响因素对投资能力评估偏差的作用机制,本研究采用层次回归分析和简单斜率分析的方法检验了金融知识与其他个体经历因素、人格因素和人际影响因素在投资能力评估偏差的预测中共同起到的作用。检验结果表明:

(1)层次回归分析发现,金融知识和个体经历因素中的金融投资年限在对投资能力评估偏差的预测过程中表现出了交互作用。而以高/低出平均数一个标准差为标准,选择出高金融投资年限/低金融投资年限个体,分别进行简单斜率分析,结果发现:对于高金融投资年限组,金融知识可以显著负向预测个体的投资能力评估偏差;而对于低金融投资年限组,金融知识则无法显著预测个体的投资能力评估偏差。

(2)层次回归分析发现,金融知识和人格因素中的神经质在对投资能力评估偏差的预测过程中表现出了交互作用。而以高/低出平均数一个标准差为标准,选择高神经质/低神经质个体,分别进行简单斜率分析,结果发现:对于低神经质组,金融知识可以显著负向预测个体的投资能力评估偏差;而对于高神经质组,金融知识则无法显著预测个体的投资能力评估偏差。

(3)层次回归分析发现,金融知识和人际影响因素中的家人影响力在对投资能力评估偏差的预测过程中表现出了交互作用。而以高/低出平均数一个标准差为标准,选择家人影响力高/家人影响力低的个体,分别进行简单斜率分析,结果发现:对于家人影响力高的个体,金融知识可以显著负向预测个体的投资能力评估偏差；而对于家人影响力低的个体，金融知识则无法显著预测个体的投资能力评估偏差。为了进一步探索是家人影响力中哪个维度和金融知识在对投资能力评估偏差的预测中交互作用显著，本研究运用逐步回归的方法在控制性别、年龄和婚姻状态影响后将家人影响力的两个子维度、金融知识以及家人影响力两个子维度与金融知识的交互项均纳入回归方程，结果发现与金融知识交互作用显著的是家人金融投资占比。随后用分析家人影响力与金融知识交互作用类似的方法分组并进行简单斜率分析，结果发现对于家人金融投资占比高的个体，金融知识可以显著负向预测个体的投资能力评估偏差；而对于家人金融投资占比低的个体，金融知识也可以负向预测个体的投资能力评估偏差，但较之家人金融投资占比高的组的显著性低很多。上述研究结果意味着，对于投资年限较长、神经质水平较低以及有较多家人参与金融投资的个体，如果自身金融知识水平较高，则其对自身投资能力的判断会较为客观。而如果其自身金融知识水平偏低，则其对自身的投资能力则会与实际情况相去甚远（不仅低于上述金融知识水平较高的个体，而且要低于投资年限较短、神经质水平较高以及很少有家人参与金融投资的个体，不管其金融知识水平如何）。

很显然，金融领域的接触（包括个体金融投资的直接经验和其家人的投资经验等间接经验）可以帮助金融知识水平较高的个体更为清楚地认识自身金融投资能力；但对于金融知识水平较低的个体，与这些金融投资领域的直接、间接接触反而使得他们更难认清自己的金融投资能力。从另一个角度上看，只有有过较多金融领域接触（直接或间接）的个体，金融知识才能促进其更为客观地看待自己的金融投资能力。

而从人格与金融知识对投资能力评估偏差的研究中我们可以看到，神经质水平较高的个体，其金融知识并不能帮助他们客观地认识自身金融投资能力，这说明了知识对于认知的促进作用需要在一定的心理基础上。神经质水平较低的个体有着更为稳定、平和的心理基础,在这之上,金融知识可以帮助他们更好地认识自己的投资能力。

二、过度自信偏差研究综述

在人口统计学因素方面,相关系数检验得出如下因素可以预测个体的过度自信偏差:年龄、性别、婚姻状态、教育水平、专业背景。具体来说,年龄较大、教育水平较低并有过金融相关专业背景的已婚男性投资者更有可能在金融投资能力方面表现出过度自信偏差。

在控制性别、年龄和婚姻状态影响后,采用逐步回归分析的方法分别探究个体经历因素、人格因素以及人际影响因素对个体过度自信偏差的预测作用发现:

(1)个体经历因素中,复杂金融知识、简单金融知识和计算能力均可以负向预测投资能力方面的过度自信偏差,而金融投资年限和金融机构从业经历则会正向预测投资能力方面的过度自信偏差。

(2)人格因素中,神经质可以负向预测过度自信偏差。

(3)人际影响因素中,家人金融机构从业占比可以正向预测投资能力方面的过度自信偏差。

过度自信偏差的度量是通过投资者金融知识主观评价与客观评价的标准分数差异来体现,因此为了深入探究过度自信偏差的形成缘由,本研究对金融知识主观评价与客观评价的影响因素做了对比,结果如下:在人口统计学方面,性别、年龄以及婚姻状态均可显著预测个体金融知识主观评价,而个体的金融知识客观评价在这些维度上没有显著差异。教育水平是唯一可以正向预测金融知识客观评价的指标,但在金融知识主观评价时人们却忽略了这个影响。也就是说,人们倾向于认为已婚、年长的男性个体掌握了更多的金融知识,而实际并非如此。同时,教育水平较高的个体其金融知识更为丰富这一事实也被人们忽略。

在控制性别、年龄和婚姻状态影响后,采用逐步回归分析的方法分别探究个体经历因素(在这部分的研究中教育也被归到个体经历因素中)、人格因素以及人际影响因素对个体金融知识主观评价与客观评价的预测作用发现:

(1)个体经历因素中,金融投资年限可以正向预测金融知识主观评价但却无法预测其客观评价。教育水平可以正向预测金融知识客观评价而不能预测主观评价。而金融机构从业经验可以同时正向预测个体金融知识主观评价与客观评价,但其对客观评价的预测作用显著弱于主观评价。

(2)人格因素中,开放性可以同时正向预测金融知识主观评价与客观评价,但其对客观评价的预测作用显著弱于主观评价。神经质则会负向预测金融知识主观评价而无法显著预测其客观评价。

(3)人际影响因素中,同伴金融投资占比、朋友金融机构从业占比、家人金融投资占比可以显著正向预测个体金融知识主观评价,而与客观评价无关。而朋友金融机构从业占比可以同时正向预测个体金融知识主观评价和客观评价,家人金融机构从业占比则可以负向预测个体金融知识客观评价。

这些研究结果表明,人们在评价自身金融投资能力时往往倾向于受外在的(如年龄、性别等因素)、高关联却低准确度的(如自己和重要他人的金融投资经验)和笼统的(如神经质,神经质较低的个体倾向于对自己整体评价更高,这一整体评价也影响到了其在金融知识这一专业技能上的评价)因素影响,而相对隐性而内在的因素(如教育水平)则容易被个体在主观评价时忽略。这一发现说明我们在投资能力上的判断往往和事实并不一致,也解释了在投资能力方面过度自信偏差背后的原因。

此外,从这个研究中我们还有两个有趣的发现:第一,对于大多数投资者而言,更长时间的金融投资经历并没有能够促进其对金融知识的掌握(虽然投资者会倾向于认为自己掌握的更多),这说明大多数投资者其投资具有一定的盲目性,且这一盲目性并没有随着投资经历的丰富而有所改观。第二,朋友金融机构从业占比、家人金融机构从业占比和自身金融机构从业经历对个体金融知识的影响不同:朋友金融机构从业占比可以同时正向预测金融知识主观评价和客观评价,这说明有更多朋友在金融机构工作的个体的金融知识更为丰富,而且人们也意识到了这一点,朋友的金融机构从业情况促进了个体对金融知识的获取;家人金融机构从业占比则负向预测个体的金融知识,这一现象很可能是由于一个家庭成员内部分工的结果,家庭中有较多成员在金融机构工作的个体可能不会为了更好打理资产而掌握金融知识,而是更可能交由家人中相对专业的成员来完成,因此其金融知识水平较之一般他人更低。而如同朋友金融机构从业经验的影响,个体自身金融机构从业经验也可以正向预测其金融知识水平的主观评价和客观评价,但其对客观评价的预测作用显著弱于主观评价,这说明有过金融机构从业经历的个体的确掌握了更为丰富的金融知识,但他们所掌握的并没有大家所认为的那么多。

三、金融投资智慧研究综述

在人口统计学因素方面,个体的金融投资智慧没有因为性别、年龄、婚姻状态、教育水平的不同而有所不同。金融相关专业背景是唯一可以预测个体金融投资智慧的人口统计学因素:较之没有金融相关专业背景的个体,有过金融相关专业背景的个体表现出更高的金融投资智慧。

在控制性别、年龄和婚姻状态影响后,采用逐步回归分析的方法分别探究个体经历因素、人格因素以及人际影响因素对个体金融投资智慧的预测作用发现:

(1)个体经历因素中,金融机构从业经历可以显著预测金融投资智慧,有过金融机构从业经历的被试表现出更高的金融投资智慧。

(2)人格因素中,所有变量均无法显著预测金融投资智慧。

(3)人际影响因素中,朋友金融机构从业占比可以正向预测金融投资智慧。

由此可见,金融投资智慧主要受到个体的专业学习训练、专业领域的实践经历以及身边专业人士的影响,而与天生的个性禀赋以及非专业的实践探索(即金融投资经历)等关系不是很密切。

为了深入探究上述影响因素对金融投资智慧的作用机制,本研究采用层次回归分析和简单斜率分析的方法检验了金融知识与人际影响因素在对金融投资智慧的预测中所共同起到的作用。检验结果表明:

(1)层次回归分析发现金融知识和朋友影响在对金融投资智慧的预测过程中表现出了交互作用。进一步运用逐步回归分析发现,在对金融投资智慧的预测中,与金融知识发生交互作用的是朋友金融机构从业占比而非朋友金融投资占比。而以高/低出平均数一个标准差为标准,选择出朋友金融机构从业占比高/朋友金融机构从业占比低的个体,分别进行简单斜率分析,结果发现:对于朋友金融机构从业占比高的个体,其金融知识可以显著正向预测个体的金融投资智慧;而对于朋友金融机构从业占比低的个体,金融知识则无法显著预测个体的金融投资智慧。最后以高/低出平均数一个标准差为标准选出朋友金融机构从业占比高且高金融知识组、朋友金融机构从业占比低且高金融知识组、朋友金融机构从业占比高且低金融知识组、朋友金融机构从业占比低且低金融知识组进行方差分析,结果发现只有当个体金融知识水平较高且有较多朋友在金融机构从业时,其金融投资智慧才会较高,其余三组没有显著差异。

(2)运用同样的分析方法,对金融知识与同伴影响对金融投资智慧的共同预测分析发现,只有当个体金融知识水平较高且有较多同伴在金融机构从业时,其金融投资智慧才会较高。

这一研究结论说明,学习的金融知识不一定可以促进个体在投资中表现出较高的投资能力。只有既有较高的金融知识水平,同时又得到金融行业从业人员的帮助指导,其金融投资能力才能得以提升。因此,理论知识和专业实践在金融投资能力的提升方面缺一不可。

第六章　澳大利亚投资者金融风险偏好与投资理性评估

第一节　研究改进

为了更为全面地探索金融风险偏好和投资理性的影响因素及作用机制，并进一步发掘可操作影响因素对金融风险偏好以及投资理性的作用（因果关系），同时对比研究我国投资者与澳大利亚投资者在金融风险偏好、投资理性及其影响因素上的异同，基于上述国内研究发现，本研究进一步设计了基于澳大利亚（潜在）金融投资者群体①的研究方案。较之国内研究设计，该研究在如下几个方面有着较大的改进和完善。

一、研究设计及方法上的改进

研究设计更为精密。

首先，本研究分为两个部分：实验研究和调查研究。其在国内研究所选用测量

① 选择澳大利亚样本作为研究对象基于以下考虑：第一，澳大利亚金融市场较之我国金融市场发展更为完善，澳大利亚的金融投资者整体上也较之我国金融投资者更加成熟，因此澳大利亚投资者风险偏好、金融投资理性的影响因素及影响机制可能会是我国投资者未来的一个发展方向。第二，澳大利亚金融市场较之欧美等金融市场发展程度略显滞后，与我国金融市场发展水平差距较之欧美更小，因此借鉴性更强。第三，在过去的几年，澳大利亚民众刚刚经历了养老金从固定收益到固定给付的改革，金融投资决策以及相应风险从专业金融机构大幅度转移到民众身上，因此金融产品对大多数投资者有着快速渗透的过程，这和我国近几年金融市场飞速发展，金融产品被我国民众迅速接纳的情况较为相像，因此对澳大利亚投资者的研究也会给我国金融投资者一些启发。

加调查设计的基础上引入了实验设计，更准确地操纵了自变量，同时更好地控制了无关变量。具体来说，该实验研究为5因素混合实验设计(3×2×2×3×5)，3个被试间变量为情绪效价、情绪唤醒度和风险提示，两个被试内变量为风险水平和风险呈现方式；因变量为金融风险偏好和金融投资理性。该部分可以检验情绪效价、情绪唤醒度、风险提示、风险水平和呈现方式对个体金融风险偏好以及金融投资理性的作用(因果关系)。

其次，调查研究部分根据澳大利亚目标人群的特征对考虑因素及其测量工具进行了重新筛选和修订，同时在澳大利亚本地导师的指导下，通过预测验、专家评定等方式调整了所有问题表述、选项设置以及排列顺序，用以更好地适应澳洲被试的作答习惯。

二、研究内容上的改进

研究内容更为丰富。

首先，实验研究部分在保留国内研究涉及的风险水平和风险呈现方式两个变量基础上，纳入了情绪效价、情绪唤醒度以及风险提示作为被试间变量，以考察情绪因素和风险提示因素对金融风险偏好以及投资理性的影响。同时，在国内三种风险表述的基础上增加了两种在金融产品中常见的风险表述，以探究更多不同风险表述对投资者金融风险偏好及投资理性的影响。

其次，调查研究部分除了包含国内研究中所涉及的个人经历因素、人格因素、人际影响因素外，还同时考虑了经济因素、文化因素、专业服务使用因素等更为综合地考量金融风险偏好和投资理性的影响机制。

三、内部效度上的改进

本研究采取以下措施以获得更高的内部效度：

第一,该研究加大了自变量中风险水平的差异。根据国内研究,很多被试在投资任务中对风险变化不够敏感。为了避免可能的天花板效应和地板效应,本研究加大了实验处理力度,增加了不同金融产品风险水平上的差异。

第二,增加了两组实验情境(一组为绝对占优实验情境,另一组为完全重复实验情境)以分别测量被试在投资任务中对实验情境的理解程度和作答态度,并用于后续数据的整理和筛选。

第三,采用更为严格的无关变量控制,不同于国内研究运用拉丁方阵的设计思想控制测量中不同投资情境的顺序效应,该研究对所有投资情境进行了顺序随机化处理,以更好地控制顺序效应。同时,对被试进行完全随机分组以平衡可能混淆被试间变量的无关变量影响。

第四,增加被试费用以提高被试认真作答程度。此外,通过设定较高的激励性被试费和较低的参与性被试费以进一步激励被试认真作答,所有激励性被试费均由被试的作答态度而非被试的能力来决定。

第五,优化测量被试作答态度(认真程度)的指标,并均衡覆盖于研究的每个部分。国内研究设计包含了 9 个测查被试作答态度的指标,本研究经调整改进设定了 11 个测查被试作答态度的指标。如同国内研究一样,为了不给被试增加额外的作答负担,所有上述指标均经严密设计而安置于所需要收集数据的问题之中。这些指标为数据处理之前的数据筛选提供了依据,以降低因被试不认真作答而引入的噪声。

第六,对金融投资智慧的构建增加了两个直接测量的调节指标用以增加测量的区分度。

四、外部效度上的改进

本研究采取以下措施以获得更高的外部效度:

首先,不同于国内研究被试选取时采用的方便取样,澳大利亚的研究将借助于Pure Profile 平台(该被试库中包含 60 万澳大利亚人口)运用分层随机抽样的方法筛选被试,以使样本的性别和年龄结构与澳大利亚最近一次人口普查所得到的人口结构相一致,增加研究结论的适用性。

其次,实验设计中更多地模拟了现实生活中金融产品信息披露可能的表现形式,调查研究中运用了很多提示技巧以帮助被试尽可能客观地根据实际情况做出选择。

第二节　实验设计

一、实验设计概览

本实验为 5 因素混合实验设计(3×2×2×3×5)。

自变量为情绪效价(3 个水平,正向情绪、中性情绪和负向情绪)、情绪唤醒度(2 个水平,中等唤醒和高度唤醒)、风险提示(2 个水平,有风险提示和无风险提示)、风险资产的风险水平(3 个水平,低风险资产、中风险资产和高风险资产)、风险呈现方式(5 个水平,以文字形式提供预期收益范围的概率信息、以图表形式提供预期收益范围的概率信息、以文字形式提供预期外收益范围的概率信息、以文字形式提供预期外超额收益范围的概率信息和以文字形式提供未达预期范围的概率信息)。其中情绪效价、情绪唤醒度和风险提示为被试间变量,风险水平和风险呈现方式为被试内变量。

因变量有两个:金融风险偏好和金融投资智慧。金融风险偏好用被试在每一种投资情境下选择风险资产的比例表示。金融投资智慧则用被试在不同投资情境中对风险资产的偏好改变是否遵循占优准则和不变性准则而计算得出。

二、实验目的

检验情绪效价、情绪唤醒度、风险提示、风险水平及风险呈现方式对个体金融风险偏好和金融投资智慧的影响。

三、实验假设

根据理论回顾所列先前研究结论和逻辑推导，我们提出如下研究假设：

假设1：风险水平影响金融风险偏好。具体而言，高风险时，被试会表现出风险规避行为；低风险时，被试会表现出风险追求行为。

假设2：风险呈现方式影响金融风险偏好。具体而言，风险资产只提供预期外超额收益的信息时会提高金融风险偏好，而当风险资产只提供未达预期收益的信息时则会降低金融风险偏好。

假设3：风险提示影响金融风险偏好。具体而言，风险提示会降低金融风险偏好，尤其是在风险资产只提供预期外超额收益的信息时。

假设4：情绪效价影响金融风险偏好。具体而言，正向情绪会提高金融风险偏好，同时，负向情绪会降低金融风险偏好。

假设5：情绪唤醒程度影响金融风险偏好。具体而言，高情绪唤醒程度会提高金融风险偏好。

假设6：情绪效价和情绪唤醒程度影响金融风险偏好时会出现交互作用。具体而言，情绪效价为负时，高情绪唤醒程度会降低被试的金融风险偏好，低情绪唤醒程度则会提高被试金融风险偏好。

假设7：风险水平影响金融投资智慧。具体而言，高风险时，被试会更多遵循不变性准则。

假设8:风险呈现方式影响金融投资智慧。具体而言,被试在双尾信息的情境下会比只提供超额收益或者未达预期收益情境下更多遵循占优准则。而在双尾信息提供的情境中,被试在图表情境下比在文字情境下更多遵循占优准则。

假设9:风险提示影响金融投资智慧。具体而言,风险提示会提高金融投资智慧,尤其是在风险资产只提供预期外超额收益的信息时。

假设10:情绪效价影响金融投资智慧。具体而言,正向情绪会降低金融投资智慧,同时,负向情绪会提高金融投资智慧。

假设11:情绪唤醒程度影响金融投资智慧。具体而言,高情绪唤醒程度会提高金融投资智慧。

假设12:情绪效价和情绪唤醒程度影响金融投资智慧时会出现交互作用。具体而言,情绪效价为负时,高情绪唤醒程度会降低被试的金融投资智慧,低情绪唤醒程度则会提高被试金融投资智慧。同样,情绪效价为正时,高情绪唤醒程度会降低被试的金融投资智慧,低情绪唤醒程度则会提高被试的金融投资智慧,但情绪唤醒程度的作用没有情绪效价为负时显著。

假设13:情绪效价和风险提示在影响金融投资智慧时会出现交互作用。具体而言,风险提示对金融投资智慧的影响在情绪效价为正时的作用更为显著。

四、实验被试

借助于网络被试库Pure Profile(被试库中有超过60万澳大利亚人)随机有偿招募澳大利亚本地成年被试360名[①],并经被试筛选系统设定,保证所取样本在性

① 此处360名被试为完全有效被试,即经过11项作答态度指标以及1项理解程度指标筛选之后保留的有效被试数据。因此实际被试招募数量将大于此处设定。

别/年龄比例上与澳大利亚人口结构基本一致(即采用分层随机抽样的方法)。

所有完成整个研究的被试均可获得参与性被试费 4 澳元,并根据被试的作答认真程度(由设定的 11 个指标从作答一致性、合理性、准确性角度加以衡量)支付最高 8 澳元的激励性被试费。

五、实验程序

本研究通过网络开展,借助 Pure Profile 发布实验信息招募被试。在开始主体部分之前,被试首先被要求填写性别和年龄,根据其对应年龄性别组的样本人数设定决定是否进入本次研究的样本。

进入样本的被试将被随机分配到 12 个实验组[3(情绪效价:正向、中性和负向)×2(情绪唤醒:中度唤醒、高度唤醒)×2(风险提示:有、无)]中。随后被试将看到一个指导语页面解释他们需要在实验中完成的任务,即记住所呈现的目标图片并在 17 种投资情境(3 风险水平×5 风险呈现方式+1 完全重复情境+1 完全占优情境)中做出投资决策。在每个投资情境中,被试均被假定其养老金账户收到 7800 澳元,而该养老金账户中有两个可选项目用于资金存放:银行存款和风险资产。被试需要完成的投资任务是于上述 17 种投资情境下在银行存款和风险资产中配置这 7800 澳元。

在被试进入第一个情境之前,他会首先看到 10 张(情绪唤醒度低,情绪效价为零的)样例图片,用于解释本次实验将会如何检验被试对目标图片的记忆效果(而呈现这 10 张图片的更为重要的目的是平衡被试参与实验之前的已有情绪)。随后,10 张要求被记住的目标图片(每组被试看到的目标图片在情绪唤醒度以及情绪效价上均不相同,用于诱导不同的情绪状态)也将呈现,这 10 张图片会在第 5 种、第 9 种和第 13 种投资情境之前再次呈现(用以保证被试整个实验过程中均处于目标情绪状态之中)。被试被要求记住尽量多的图片。在完成实验研究的投资任务之后,被试将参与调查研究。而在调查研究结束之后,包含5张目标图片的30张测试图片将呈现于被试,被试需要指出哪些图片曾经在实验研究中展示过(该测试的目的是确保被试认真审视图片,以被诱导出相应的情绪状态)。最后,根据被试在整个实验过程中的表现(作答一致性、合理性和准确性)支付相应报酬。

六、自变量的操纵

(一)情绪效价和唤醒度的操纵

情绪效价和唤醒度的操纵是借助于国际情绪图片系统(IAPS)完成的,该系统(IAPS)是由美国佛罗里达大学情绪与注意力研究中心编制的一套标准化情绪刺激图片系统。编制者通过实验方法让被试对每张图片从情绪效价(Valence)和情绪唤醒度(Arousal)进行自我报告,通过分析得分,为每张图片赋予了效价和唤醒度的平均值和标准差,从而建立起一个相对规范化的情绪刺激系统。

在投资任务中,本研究通过要求被试仔细观看并尽量记住情绪图片以期达到诱导出目标情绪效价和唤醒度的目的。具体来说,借助情绪图片诱导出了6种不同情绪状态:3(情绪效价:正向、中性和负向)×2(情绪唤醒:中度唤醒和高度唤醒)。为了更好地分析情绪对投资决策的影响,本研究保持了同一效价类型下中度、高度情绪唤醒程度的实验图片情绪效价均值基本相同、同一唤醒类型下正向、中性和负向情绪效价下的实验图片情绪唤醒度均值基本相同。同时,为了减少被试参加实验前即有的情绪状态对实验结果的影响,本研究在实验开始之前以解释说明实验流程的方式让被试观看了一组低情绪唤醒度的中性图片。

(二)风险提示的操纵

本次研究的另外一个被试间自变量风险提示的操纵是通过不同的指导语实现

的。对于风险提示组的被试在投资决策时将会看到以下内容:“请密切关注风险资产的风险水平以及您所选择的资产组合的预期收益率及风险水平。请注意,更大高收益的概率也意味着更大低收益(高损失)的概率。”这段文字包含了动画效果(颜色逐渐变红、字体加黑、字号变大)用以吸引被试的注意力,确保被试会在投资任务中注意到。

为了规避因指导语长度、复杂性等不同而引入混淆变量,本研究同时对控制组的被试设定了以下内容:“请密切关注以上表格以及情境描述中的所有信息。仔细思考做出决策,选择与您投资目标相适宜的投资组合。”[①]如同实验组,这段文字也包含了完全相同的动画效果。

(三)风险水平的操纵

风险资产的风险水平是本实验中的一个被试内变量。其操纵是通过设定不同实验情境中风险资产(预期收益率恒定)90%概率的收益率区间来实现。按照精算学对金融资产回报率模拟的习惯用法,本研究选用对数正态分布来模拟风险资产回报率。具体来说,低风险的风险资产 90%概率的收益率区间为(1.5%,7.6%);中等风险的风险资产 90%概率的收益率区间为(-14%,25.3%);高风险的风险资产 90%概率的收益率区间为(-55%,98.1%)。之所以将三类风险差别设定如此之大,是为了规避风险偏好程度特别高/低的被试在实验中出现天花板效应/地板效应。

(四)风险呈现方式的操纵

风险呈现方式是本研究中的另一个被试内变量。其操纵是通过改变不同情境中风险资产以及被试所选定资产组合的风险说明方式来实现的。具体来说,本研

① 实验中,控制组所看到的这句指导语英文长度与实验组所看到的指导语相近,其长度上的显著差异是由中文翻译引起的。

究根据澳大利亚市场上常见的金融产品信息披露方式选取了5种风险呈现方式：以文字形式提供预期收益范围的概率信息、以图表形式提供预期收益范围的概率信息、以文字形式提供预期外收益范围的概率信息、以文字形式提供预期外超额收益范围的概率信息、以文字形式提供未达预期范围的概率信息。

七、因变量的测量

(一)金融风险偏好的测量

在16种投资情境下(此处排除完全占优情境),被试要将一定资金配置于银行存款和风险资产中。在被试配置银行存款和风险资产的比例时,会提示该选定资产组合的预期年收益区间和风险水平。被试配置于风险资产的比例即为风险偏好的测量标准。该比例越高,代表被试的风险偏好越强;反之,越低。

为了考察实验中被试表现出金融风险偏好的外部效度,本研究在调查部分询问了被试的资产配置情况、养老金账户中固定收益资产和浮动收益资产情况以及被试对金融风险的态度,以验证在此实验情境下被试表现出的金融风险偏好与现实生活中的是否一致。

(二)金融投资智慧的测量

本研究对金融投资智慧的测量与国内研究在思路上基本一致。在国内研究对金融投资智慧指数界定的基础上,根据实验设定又增加了两个对占优准则遵守程度和不变性准则遵守程度的直接测量,用于进一步调整该指数,以增加测量的区分度。其数学表达式如下:

$$
\text{金融投资智慧指数} = \frac{a}{n \times (m-1)} \times \frac{\dfrac{1}{n}\sum_{j=1}^{n} \sigma_{iP_j} + \dfrac{\bar{X}_i}{\bar{X}}\%}{\dfrac{1}{m}\sum_{k=1}^{m} \sigma_{iR_k} + \dfrac{\bar{X}_i}{\bar{X}}\%}
$$

在此基础上,本实验增加了一种完全重复情境和一种绝对占优情境,分别直接测量被试对不变性准则和占优准则的遵守程度。

其中完全重复情境指的是被试的两次投资决策其发生情境完全一致,也即被试需要在银行存款和一个风险水平及其风险呈现方式完全一样的风险资产中配置其预设资金。在这种情况下,理性的投资者应该做出完全一致的选择。而在被试认真参与实验的前提下(被试是否认真参与研究由 11 个测量被试作答的态度的指标综合考量。如果被试经 11 个指标综合考量后发现没有认真作答,该被试的回答将被排除使用。因此最终纳入分析的数据可以认为全部源自认真参与研究被试作答),两次选择出现较大偏差无疑反映了被试投资能力的欠缺(较小的不一致可能源自测量误差)。同样,其不一致也是对不变性准则的违背,而两次选择的差异程度也反映了对不变性准则的违背程度。基于此,本研究对国内研究设计中理论推导出的不变性准则遵守指数进行了如下调整:

$$
\text{不变性准则遵守指数} = \frac{X1i + X5i - |X1i - X5i|}{X1i + X5i} \times \frac{\sigma_{iP} + \frac{\bar{X}_i}{\bar{X}}\%}{\sigma_{iR} + \frac{\bar{X}_i}{\bar{X}}\%}
$$

$$
= \frac{X1i + X5i - |X1i - X5i|}{X1i + X5i} \times \frac{\frac{1}{n}\sum_{j=1}^{n}\sigma_{iP_j} + \frac{\bar{X}_i}{\bar{X}}\%}{\frac{1}{m}\sum_{k=1}^{m}\sigma_{iR_k} + \frac{\bar{X}_i}{\bar{X}}\%}
$$

其中 $X1i$ 和 $X5i$ 分别代表两次完全重复情境下被试对风险资产的资金配置比例。此外,公式中方差的计算会用到每种情境下被试在风险资产是资金配置占比,其中两次完全重复情境作为一种情境进入计算,其资金配比取被试两次选择的均值,这样即可回避完全重复情境选择不一致对不变性准则遵守程度影响的重复计算。

而本研究中所设定的另一个控制情境——绝对占优情境，指的是被试需要在银行存款和绝对优于银行存款的风险资产中配置资金的情境。具体来说，本研究中银行存款的年收益率被恒定于2%（即澳大利亚目前真实的银行存款利率水平），而风险资产的年收益率被设定为100%概率情况下，收益率在2%到7.05%之间（此情境是为了测查被试对投资情境的理解而设置的虚拟情况，和现实有一定出入）。因此，理性的投资者按照占优准则应该将所有资金均配置于风险资产，而其在风险资产的配制比例也同样可以直接反映出被试对占优准则的遵守程度。基于此，本研究对国内研究设计中设定的占优准则遵守指数进行了如下调整：

$$\text{占优准则遵守指数} = \frac{a}{n \times (m-1)} \times b\%$$

其中 b 指的是被试在绝对占优情境中对风险资产的资金配置百分比。

此外，为了更好地建构金融投资智慧指数，本研究在调查部分询问了被试近5年的金融投资表现并进行评价。我们可以预期，在一个发展完善的金融市场上，对不变性准则和占优准则的遵守情况，可以预测其投资变现。因此，我们设定回归方程如下：

$$\begin{aligned}\text{金融投资表现} = {} & p \times \text{占优准则遵守指数} + q \times \text{不变性准则遵守指数} + \\ & r \times \text{占优准则遵守指数} \times \text{不变性准则遵守指数} + \varepsilon\end{aligned}$$

进而运用上述回归系数，我们可以得到如下金融投资智慧指数：

$$\begin{aligned}\text{金融投资智慧指数} = {} & p \times \text{占优准则遵守指数} + q \times \text{不变性准则遵守指数} + \\ & r \times \text{占优准则遵守指数} \times \text{不变性准则遵守指数}\end{aligned}$$

$$= p \times \frac{X1i + X5i - |X1i - X5i|}{X1i + X5i} \times \frac{\frac{1}{n}\sum_{j=1}^{n} \sigma_{iP_j} + \frac{\bar{X}_i}{\bar{X}}\%}{\frac{1}{m}\sum_{k=1}^{m} \sigma_{iR_k} + \frac{\bar{X}_i}{\bar{X}}\%} + q \times \frac{a}{n \times (m-1)} \times b\% +$$

$$r \times \frac{X1i + X5i - |X1i - X5i|}{X1i + X5i} \times \frac{\frac{1}{n}\sum_{j=1}^{n}\sigma_{iP_j} + \frac{\bar{X}_i}{\bar{X}}\%}{\frac{1}{m}\sum_{k=1}^{m}\sigma_{iR_k} + \frac{\bar{X}_i}{\bar{X}}\%} \times \frac{a}{n \times (m-1)} \times b\%$$

八、无关变量控制和内部效度提升方法

(一)随机分组

对被试间变量的潜在混淆变量,本研究采取了被试随机分组的方式加以平衡。

(二)顺序随机

对于被试内变量的顺序效应则通过 16 种投资情境(此处不包含完全占优情境)顺序随机的方式加以平衡。而完全占优情境则恒定在第 4 个投资情境的位置上,这样设置是为了降低第二类错误(即误把一些实际上有能力理解投资情境的被试判为没有该能力)的发生。因为完全占优情境在第 4 个位置上,被试在进入该情境前已经有了 3 次投资情境的经验,因此不会出现因为对问题不熟悉而没来得及理解的情况。同时,实验被安排在本次研究的第一部分,而完全占优情境又是其第 4 种情境,因此我们可以认为被试不会因为疲劳效应而作答失误。这样,被试在完全占优情境中的作答即可反映其对问题的理解程度。

(三)回归控制

对于被试变量的混淆作用,本研究通过调查部分所测定的被试因素在后续分析中作为控制变量进入回归模型加以平衡。

(四)提高被试认真作答动机

为了提高被试认真参与研究的动机,本研究将被试费分为参与性被试费(4 澳

元)和激励性被试费(8 澳元)。并且在实验开始前就告知被试如果研究参与认真程度较低,只能得到参与性被试费。

(五)数据筛选与分类分析

根据研究目的选用不同被试作答数据进行研究,以达到提高内部效度的目的。具体来说,在研究金融风险偏好和金融投资智慧时所选用的数据不尽相同。

第一,完全占优情境下被试在风险资产的资金配比低于 70%时,该被试的作答数据仅参与金融投资智慧的分析而不参与金融风险偏好的分析。如果被试是在认真参与研究的前提下做出了这样的投资决定,我们可以合理推测该被试并不理解问题。因此,其选择不能反映其真实金融风险偏好水平,故在分析金融风险偏好的影响因素时这部分被试的作答将被排除。但同样是这部分被试,他们的选择却很好地反映了其较低的金融投资智慧(我们可以合理推测理解不了金融产品风险描述的被试其金融投资能力较低)。如果其余 10 项作答态度指标显示该被试认真参与研究,则其在投资任务中的数据将会纳入金融投资智慧的研究。

第二,在计算金融投资智慧时本研究只用到了 3 种提供双尾信息的风险呈现方式下被试的 10 次选择(3 风险水平×3 风险呈现+1 完全重复情境),而排除使用仅提供预期外超额收益范围的概率信息和仅提供未达预期范围的概率信息这两种单尾风险呈现方式下被试的选择。这是因为较之 3 种双尾风险呈现方式,2 种单尾风险呈现方式提供的信息较少,与另外 3 种风险呈现方式并非完全等价。为了避免引入无关变量,故将其排除使用。但在考察金融风险偏好时,这 5 种风险呈现方式的不完全匹配则不会额外变量,故均纳入使用。

(六)噪声被试甄别与数据排除

为了保证研究较高的外部效度,本研究最终决定放弃实验室实验而选择网络实施的方式以获取和澳大利亚人口结构近似的样本群体,而与此同时,为了达到增强控制的效果，本研究采用了一系列指标，从作答一致性、合理性和准确性等方面测量被试的作答态度，以甄别并排除不认真作答被试来减少噪声影响。同时这一系列指标也构成了激励性被试费的计算基础。本研究中共设定了 11 个指标，其中有 5 个指标来自实验部分（另外 6 个在调查部分），具体如下。

第一，图片辨识准确性（权重：8 分）。

计分方式：如果 $(Hit \times 1 - FalseAlarm \times 0.2)$ 大于等于 0，则为 $(Hit \times 1 - FalseAlarm \times 0.2)/5$；如果 $(Hit \times 1 - FalseAlarm \times 0.2)$ 小于 0，则为 0。

解释：其中 *Hit* 代表击中次数，即正确指出之前见过该图片的数量；*FalseAlarm* 代表虚报次数，即把新图片选为"展示过"的数量。因为新图片为目标图片的 5 倍，所以在计分时新图片虚报所扣减的分数为击中的五分之一。

第二，投资任务指导语阅读时间合理性（权重：10 分）。

计分方式：如果被试在该页面上停留时间不少于 30 秒，则该指标得分为 1；如果被试在该页面上停留时间少于 30 秒，则该指标得分为 0。

解释：该页面包含内容较多，是对于投资任务流程及其具体对被试要求的详细说明。实验中，页面的阅读时间由被试自己决定，经预实验发现，认真参与实验的被试没有一人可以在 30 秒之内完成该页面指导语的阅读。因此，我们可以合理推测在该页面停留时间少于 30 秒的被试并没有认真参与实验，故得分为 0。

第三，前 4 种投资情境页面停留时间合理性（权重：12 分）。

计分方式：如果被试每在一个投资任务页面上停留时间不少于 15 秒，则获得 3 分；如果被试在某个投资任务页面上停留时间少于 10 秒，则该次任务得 0 分。

解释：该页面内容较多，包含当前情境下投资任务的详细说明以及所有相关信息，被试需要基于这些信息做出决策。在实验中，每种投资情境的阅读及决策时间由被试自己决定。根据预测试的研究发现，认真参与实验的被试在前 4 种实验情境中没有人停留时间低于 15 秒(伴随着练习效应,后面的一些投资情境速度会加快,且被试间差异也会更大,但前 4 种情境相对统一)。因此,我们可以合理推测在前 4 种情境中,每个情境停留时间少于 15 秒的被试并没有认真参与实验,故得分为 0。

第四,完全占优情境被试作答合理性(权重:8 分)。

计分方式:如果被试对风险资产资金配置比例低于 70%,则为 0;不低于 70%,则为 1。

解释:在完全占优情境中理性的被试应该将全部资产均配置于风险资产中。因此,被试没有做此选择只有两种解释:不理解问题或者不认真作答。对于不理解问题的被试,结合剩下 10 项指标将会得以保留。而不认真作答的被试按此标准也可加以识别。为了降低第二类错误的发生概率,此处将 70%而非 100%设定为标准。

第五,完全重复情境被试作答一致性(权重:12 分)。

计分方式:如果(SDi - $|X1i - X5i|$)大于等于 0,则为(SDi - $|X1i - X5i|$)/SDi;如果(SDi - $|X1i - X5i|$)小于 0,则为 0。如果 SDi 为 0,则得分为 1。

解释:其中 SDi 代表被试 i 在 16 种实验情境中做出的投资决策(即风险资产资金配比)的标准差;$X1i$ 和 $X5i$ 代表被试 i 在第 1 种和第 6 种实验情境中做出的投资决策。对于认真参与实验的被试在两次完全一样的投资情境(风险水平和风险呈现方式均相同)中所做投资决策不应该有大的不同。

简言之,表 6-1 总结了作答态度得分的计算方法[①]。

---

① 此处呈现的只是实验部分作答态度得分的计算,在最终进行噪声被试剔除时需要同时考虑 11 项作答态度指标。

表 6-1 作答态度得分的计算方法

序号	权重(分)	得分	条件
1	8	0	$(Hit \times 1 - FalseAlarm \times 0.2) < 0$
		$(Hit \times 1 - FalseAlarm \times 0.2)/5$	$(Hit \times 1 - FalseAlarm \times 0.2) \geqslant 0$
2	10	0	投资任务指导语阅读时间低于 30 秒
		1	投资任务指导语阅读时间大于等于 30 秒
3	12	(前 4 种投资任务页面停留时间大于 15 秒的情境数量)/4	—
4	8	0	完全占优情境下风险资产配置低于 70%
		1	不低于 70%
5	12	0	$(SDi - \lvert X1i - X6i \rvert) < 0$
		$(SDi - \lvert X1i - X6i \rvert)/SDi$	$(SDi - \lvert X1i - X6i \rvert) \geqslant 0$

注：作答态度得分 = $\sum_{k=1}^{10} Scorek \times Weight\ k$。

第七章　研究结论

一、金融风险偏好的影响因素分析发现

个体经历层面中的金融投资年限、工作年限、复杂金融知识和计算能力，人格层面中的开放性和尽责性、宜人性，以及人际影响层面中的同伴金融投资占比和朋友金融投资占比均可显著预测金融风险偏好。其中除宜人性对金融风险偏好的预测是负向外，其余因素均可正向预测金融风险偏好。

金融风险偏好影响机制分析发现，直接的金融投资经验（金融投资年限）不仅在家人影响和简单金融知识对金融风险偏好的影响过程中起到了完全中介作用，而且在同伴影响和朋友影响对金融风险偏好的作用过程中起到了部分中介作用。

二、认知偏差视角下投资理性的研究发现

个体经历层面中复杂金融知识和简单金融知识，人格层面中的开放性和尽责性均可显著预测投资能力评估偏差。其中除开放性对投资能力评估偏差的预测作用是正向外，其余因素均为负向。个体经历层面中的复杂金融知识、简单金融知识和计算能力，人格层面中的神经质均可以负向预测过度自信偏差；而个体经历层面中的金融投资年限和金融机构从业经历，人际影响层面中的家人金融机构从业占比均可正向预测投资能力方面的过度自信偏差。

而作用机制分析发现，金融知识与个体经历层面中的金融投资年限、人格层面

中的神经质、人际影响层面中的家人金融投资经历在对投资能力评估偏差的预测过程中表现出了交互作用。具体来说，对于高金融投资年限、低神经质水平、家人金融投资占比高的个体，其金融知识可以显著负向预测个体的投资能力评估偏差；而对于低金融投资年限、高神经质水平的个体，金融知识则无法显著预测个体的投资能力评估偏差。而对于家人金融投资占比低的个体，金融知识虽然可以负向预测个体的投资能力评估偏差，但较之家人金融投资占比高的个体预测显著性低很多。

进一步对金融知识主客观评价影响因素对比研究发现，个体经历因素中，金融投资年限可以正向预测金融知识主观评价但却无法预测其客观评价。教育水平可以正向预测金融知识客观评价而不能预测主观评价。而金融机构从业经验可以同时正向预测个体金融知识主观评价与客观评价，但其对客观评价的预测作用显著弱于主观评价。人格层面中，开放性可以同时正向预测金融知识主观评价与客观评价，但其对客观评价的预测作用显著弱于主观评价。神经质则会负向预测金融知识主观评价而无法显著预测其客观评价。人际影响层面中，同伴金融投资占比、朋友金融机构从业占比、家人金融投资占比可以显著正向预测个体金融知识主观评价，而与客观评价无关。而朋友金融机构从业占比可以同时正向预测个体金融知识主观评价和客观评价，家人金融机构从业占比则可以负向预测个体金融知识客观评价。

三、预期效用视角下投资理性的研究发现

金融相关专业背景是唯一可以预测个体金融投资智慧的人口统计学因素；个体经历层面中，金融机构从业经验可以显著预测金融投资智慧；人格层面中，所有变量均无法显著预测金融投资智慧；人际影响层面中，朋友金融机构从业占比可以

正向预测金融投资智慧。

而作用机制分析发现,金融知识与朋友/同伴金融机构从业占比在对金融投资智慧的预测中具有交互作用:整体而言,只有当个体金融知识水平较高且有较多朋友/同伴在金融机构从业时,其金融投资智慧才会较高。

附录　金融风险偏好及投资理性调查问卷

金融产品接受度问卷

亲爱的朋友：

您好！非常感谢您抽出时间参与这个调查。

本调查旨在了解大众对金融产品及金融市场的了解情况以及对金融产品的接纳程度。请您仔细阅读每个部分的指导语，并根据真实情况作答。本调查分为五个部分，所有结果都只用于科学研究，所有数据都会严格保密，请不要有任何顾虑。注意每一题都需要回答，请不要有遗漏。

再次感谢您的参与。

基本情况（人口统计学变量）

性别：（1）男　　（2）女

年龄：（1）25 岁以下（含 25 岁）　　（2）25~35 岁（含 35 岁）

（3）35~45 岁（含 45 岁）　　（4）45~55 岁（含 55 岁）

(5)55 岁以上

婚姻状态：(1)未婚　(2)已婚　(3)离异或丧偶

最高学历：(1)高中/中专以下(含高中/中专)　(2)大学专科

(3)大学本科　(4)硕士研究生　(5)博士研究生

所获学位中是否有经济学、金融学或会计学：(1)有　(2)无

工作年限：(1)5 年以内(含 5 年)　(2)5~10 年(含 10 年)

(3)10~15 年(含 15 年)　(4)15~20 年(含 20 年)

(5)20~30 年(含 30 年)　(6)30 年以上

第一部分　个体经历调查

指导语：请您根据自己的实际情况选择一个与实际最为接近的答案。这不是一场考试，因此您的答案并无对错之分，您也不需要咨询别人的意见，请您尽量诚实地回答问卷，我们将会为您保密。

1. 我认为自己的理财知识________。

(1)极其贫乏　(2)略懂一点　(3)水平一般

(4)比较丰富　(5)极其精通

2. 我认为自己对各种金融产品(股票、债券、基金、期货、信托产品、理财产品、人寿保险等)及金融市场的认识________。

(1)远远不如身边的人　(2)比身边的人略差些　(3)和身边的人差不多

(4)略好于身边的人　(5)远远优于身边的人

3. 过去 5 年里，我的投资目标，如财产保值、增值、防范风险……________。

(1)顺利达成，甚至超乎期待　(2)大致实现

(3)没能很好实现　(4)完全没有实现

4. 过去 5 年里，我的投资收益率与银行存款利率相比________。

(1)远远高于银行存款利率　(2)略高于银行存款利率

(3)和银行存款利率基本持平　(4)略低于银行存款利率

(5)远低于银行存款利率，甚至为负

(6)没有参与过银行存款以外的投资行为

5. 过去 5 年里，我的投资收益和我所预期的收益相比________。

(1)几乎总是和预期一致，甚至更好　(2)和预期收益略有差距

(3)没能较好实现预期收益　(4)相去甚远

(5)没有参与过银行存款以外的投资行为

6. 过去 5 年里，我的投资________。

(1)几乎都很成功　(2)多数成功　(3)胜败各半　(4)多数失败

(5)几乎全部失败　(6)没有参与过银行存款以外的投资行为

7. 5 年前我所拥有的闲置资产到现在________。

(1)得到了很好的保值甚至增值　(2)基本做到保值

(3)没能很好保值　(4)贬值及亏损严重

8. 据我所知，在我的家人中________购买过金融产品，如股票、债券、基金、期货、信托产品、理财产品、人寿保险（不包括健康险和意外伤害险）等。

(1)几乎所有人都　(2)大多数人都　(3)有一半左右

(4)少数的人　(5)几乎没有人

9. 据我所知，在我的同事/同学中________购买过金融产品，如股票、债券、基金、期货、信托产品、理财产品、人寿保险（不包括健康险和意外伤害险）等。

(1)几乎所有人都　(2)大多数人都　(3)有一半左右

(4)少数的人　(5)几乎没有人

10. 据我所知,在我的朋友中________购买过金融产品,如股票、债券、基金、期货、信托产品、理财产品、人寿保险(不包括健康险和意外伤害险)等。

(1)几乎所有人都　(2)大多数人都　(3)有一半左右

(4)少数的人　(5)几乎没有人

11. 我________在金融机构(包括银行、证券公司、保险公司、信托公司、期货公司等)工作。

(1)现在　(2)曾经在,现在不　(3)从来没有

12. 我的家人________在金融机构(包括银行、证券公司、保险公司、信托公司、期货公司等)工作。

(1)很多　(2)有些　(3)很少　(4)几乎没有人

13. 我的同事/同学________在金融机构(包括银行、证券公司、保险公司、信托公司、期货公司等)工作。

(1)很多　(2)有些　(3)很少　(4)几乎没有人

14. 我的朋友________在金融机构(包括银行、证券公司、保险公司、信托公司、期货公司等)工作。

(1)很多　(2)有些　(3)很少　(4)几乎没有人

15. 我________购买上述金融产品的经验。

(1)没有　(2)有1年以内(含1年)　(3)有1~5年(含5年)

(4)有5~10年(含10年)　(5)有10年以上

16. 我当前持有的金融产品价值总和是我目前银行存款的________。

(1)零倍　(2)少于30%　(3)30%到60%

(4)61%到100%　(5)100%以上

17. 一年之内,我计划(继续)购买理财产品,如股票、债券、基金、期货、信托产

品、理财产品、人寿保险(不包括健康险和意外伤害险)等。________

(1)是　　　　(2)否

第二部分　金融知识调查

指导语:请认真阅读下面的每个题目,并根据您的判断作答,其中前4道题请您在空格处直接给出答案,后面10道题请从备选项中选出您认为正确的选项。请不要使用计算器,也不需要咨询别人的意见,所有数据只做科研使用,我们将会对数据严格保密。

1. 一个六面的骰子,投掷1000次,其中偶数朝上的会有________次。

2. 如果某种疾病的患病率是10%,那么1000人中会有________人可能会得这种疾病。

3. 一辆二手车的售价是6万元。这个价格是新车价格的2/3。则一辆新车售价________万元。

4. 在一次开奖中,共5个人中奖,奖金总额是2000元,他们每个人将获得________元。

5. 假如你的收入增加一倍,而所有的商品价格也增长了一倍。那么你的收入能买到的东西________。

(1)更多　　(2)更少　　(3)同样多　　(4)不知道

6. 假如你有100元,存在储蓄账户里,而年利率是2%,你认为5年后这个账户中你将拥有________。

(1)多于102元　　(2)102元　　(3)少于102元　　(4)不知道

7. 你的储蓄账户的年利率是1%,而年通货膨胀率是2%。如果你把一笔钱留在账户中，那么你认为5年后你在这个账户中的钱可以买到的东西和今天比________。

(1)更多　(2)更少　(3)同样多　(4)不知道

8. 小王今天继承了10000元的遗产，而他弟弟3年以后也将会继承10000元的遗产。那么3年后，谁会因为这笔遗产更为富有？________。

(1)小王　(2)小王弟弟　(3)同样多　(4)不知道

9. 你的储蓄账户中有100元，年利率是20%，而你从来没有从该账户中取过钱。那么5年后，在这个账户中你将一共拥有________。

(1)多于200元　(2)200元　(3)少于200元　(4)不知道

10. 股票和债券的风险较大的是________。

(1)股票　(2)债券　(3)一样　(4)不知道

11. 以下哪种组合的风险最小？________。

(1)单只股票　(2)股票指数基金　(3)两只股票　(4)不知道

12. 从长期(比如10年或者20年)来看，哪种资产回报较高？________。

(1)债券　(2)银行储蓄　(3)股票　(4)都一样　(5)不知道

13. 通常情况下，哪种资产的价值波动最大？________。

(1)债券　(2)银行储蓄　(3)股票　(4)都一样　(5)不知道

14. 当某投资者将他的财富分散到多种资产，则亏损的风险会________。

(1)增加　(2)减小　(3)不变　(4)不知道

第三部分　投资任务

指导语：请仔细阅读下面9种情况，并按照您自己的判断决定您愿意把百分之多少的闲置资金用于购买(投资于)金融产品。这不是一场考试，因此您的答案并无对错之分,您也不需要咨询别人的意见,请您尽量诚实地回答,我们将会对数据严格保密。

1. 你有且只有 20 万元人民币闲置资金,现在需要将其全部分配到以下两种投资产品中(银行存款和金融产品),你愿意把______%的资金用于购买金融产品。

投资产品	预期年回报率	风险水平
银行存款	2%	无风险
金融产品	4. 50%	有 90% 的可能, 年回报率在 - 14% ~ +25. 5%

2. 你有且只有 20 万元人民币闲置资金,现在需要将其全部分配到以下两种投资产品中(银行存款和金融产品),你愿意把______%的资金用于购买金融产品。

投资产品	预期年回报率	风险水平
银行存款	2%	无风险
金融产品	4. 50%	有 90% 的可能, 年回报率在 - 25% ~ +40%

3. 你有且只有 20 万元人民币闲置资金,现在需要将其全部分配到以下两种投资产品中(银行存款和金融产品),你愿意把______%的资金用于购买金融产品。

投资产品	预期年回报率	风险水平
银行存款	2%	无风险
金融产品	4. 50%	有 90%的可能,年回报率在-34. 5% ~ +55. 5%

4. 你有且只有 20 万元人民币闲置资金，现在需要将其全部分配到以下两种投资产品中（银行存款和金融产品），你愿意把______%的资金用于购买金融产品。

投资产品	预期年回报率	风险水平
银行存款	2%	无风险
金融产品	4.50%	有 5%的可能，年回报率在 40%以上

5. 你有且只有 20 万元人民币闲置资金，现在需要将其全部分配到以下两种投资产品中（银行存款和金融产品），你愿意把______%的资金用于购买金融产品。

投资产品	预期年回报率	风险水平
银行存款	2%	无风险
金融产品	4.50%	有 5%的可能，年回报率在 55.5%以上

6. 你有且只有 20 万元人民币闲置资金，现在需要将其全部分配到以下两种投资产品中（银行存款和金融产品），你愿意把______%的资金用于购买金融产品。

投资产品	预期年回报率	风险水平
银行存款	2%	无风险
金融产品	4.50%	有 5%的可能，年回报率在 25.5%以上

7. 你有且只有 20 万元人民币闲置资金，现在需要将其全部分配到以下两种投资产品中（银行存款和金融产品），你愿意把______%的资金用于购买金融产品。

银行账户：年回报率总是恒定在 2%（黑色圆点）。

金融产品：有 90%的可能，获得黑色格子里的年回报率。

8. 你有且只有 20 万元人民币闲置资金，现在需要将其全部分配到以下两种投资产品中（银行存款和金融产品），你愿意把______%的资金用于购买金融产品。

银行账户：年回报率总是恒定在 2%（黑色圆点）。

金融产品：有 90%的可能，获得黑色格子里的年回报率。

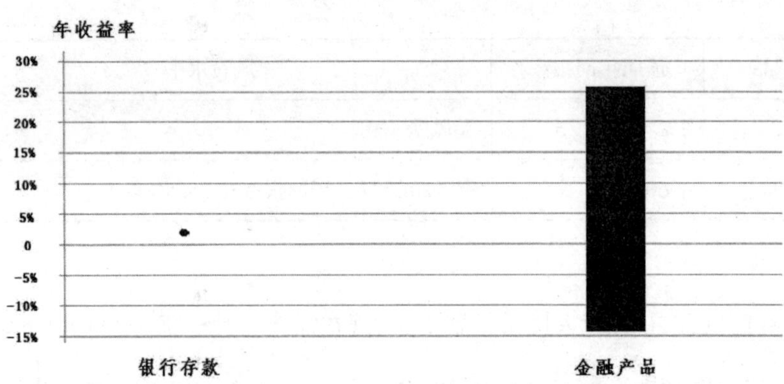

9. 你有且只有 20 万元人民币闲置资金，现在需要将其全部分配到以下两种投资产品中（银行存款和金融产品），你愿意把______%的资金用于购买金融产品。

银行账户:年回报率总是恒定在 2%(黑色圆点)。

金融产品:有 90%的可能,获得黑色格子里的年回报率。

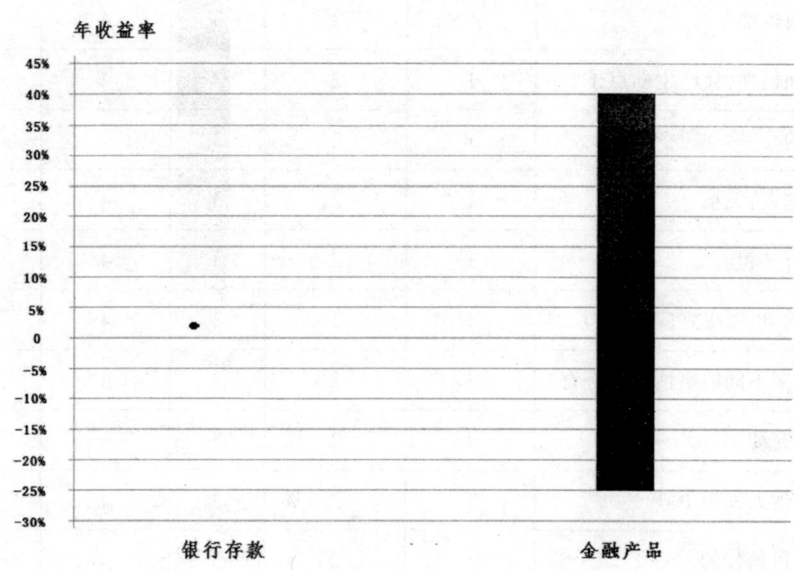

第四部分　人格调查 1

指导语:这里有一些适合或不适合您的人格特质。例如,您是否同意自己是那种“喜欢花时间和别人待在一起的人”?请在每个陈述语句后面的数字中选择一个数字,表示您对这句话描述的情形同意或者不同意的程度。

1. **非常不同意**　2. **有点儿不同意**　3. **不一定**　4. **有点儿同意**　5. **非常同意**

我认为我自己	非常不同意	有点儿不同意	不一定	有点儿同意	非常同意
1. 爱说话	1	2	3	4	5
2. 喜欢挑剔别人的毛病	1	2	3	4	5

续 表

我认为我自己	非常不同意	有点儿不同意	不一定	有点儿同意	非常同意
3. 工作很周密	1	2	3	4	5
4. 压抑而忧郁	1	2	3	4	5
5. 具有独创性,会产生新点子	1	2	3	4	5
6. 含蓄的	1	2	3	4	5
7. 乐于助人,无私	1	2	3	4	5
8. 可能有些粗心	1	2	3	4	5
9. 放松的,可以很好应对压力	1	2	3	4	5
10. 对许多不同的事情感到好奇	1	2	3	4	5
11. 精力充沛	1	2	3	4	5
12. 会与他人发生争吵	1	2	3	4	5
13. 是个可信赖的人	1	2	3	4	5
14. 可能会紧张	1	2	3	4	5
15. 有独创性,思想深刻	1	2	3	4	5
16. 具有很大的热情	1	2	3	4	5
17. 天性宽以待人	1	2	3	4	5
18. 倾向于缺乏条理	1	2	3	4	5
19. 有很多忧虑	1	2	3	4	5
20. 想象力活跃	1	2	3	4	5
21. 比较安静	1	2	3	4	5
22. 大体上信任他人	1	2	3	4	5
23. 比较懒惰	1	2	3	4	5
24. 情绪稳定,不容易焦躁	1	2	3	4	5
25. 善于创造	1	2	3	4	5

续　表

我认为我自己	非常不同意	有点儿不同意	不一定	有点儿同意	非常同意
26. 性格决断	1	2	3	4	5
27. 可能会冷淡孤僻	1	2	3	4	5
28. 坚持到任务完成	1	2	3	4	5
29. 可能会喜怒无常	1	2	3	4	5
30. 重视艺术、美学的经历	1	2	3	4	5
31. 有时羞怯、拘谨	1	2	3	4	5
32. 几乎对每个人都很友善及体谅	1	2	3	4	5
33. 做事有效率	1	2	3	4	5
34. 在紧张情境中仍保持冷静	1	2	3	4	5
35. 喜欢从事常规性的工作	1	2	3	4	5
36. 外向，好交际	1	2	3	4	5
37. 有时对他人粗鲁	1	2	3	4	5
38. 制订计划并加以贯彻	1	2	3	4	5
39. 容易紧张	1	2	3	4	5
40. 喜欢反省、琢磨各种想法	1	2	3	4	5
41. 没有多少艺术兴趣	1	2	3	4	5
42. 喜欢与他人合作	1	2	3	4	5
43. 容易分心	1	2	3	4	5
44. 精通美术、音乐和文学	1	2	3	4	5

第五部分　人格调查 2

指导语：请认真阅读下面的每个句子，并根据实际来选择这些情况在您身上发生的频率，数字越大表示越为频繁。这不是一场考试，因此您的答案并无对错之分，您也不需要咨询别人的意见，请您尽量诚实地回答，我们将会对数据严格保密。

1. 没有　　2. 极少　　3. 有时　　4. 经常　　5. 总是

项目	没有	极少	有时	经常	总是
1. 我认真安排每件事	1	2	3	4	5
2. 我做事不加思考	1	2	3	4	5
3. 遇到问题时我能想出好办法	1	2	3	4	5
4. 我对未来有计划	1	2	3	4	5
5. 我不能很好地控制自己的行为	1	2	3	4	5
6. 必要时我能够长时间考虑一个问题	1	2	3	4	5
7. 我有规律地存钱或攒钱	1	2	3	4	5
8. 我难以控制自己的脾气	1	2	3	4	5
9. 我能从不同的角度考虑问题	1	2	3	4	5
10. 我对工作和获得收入有计划	1	2	3	4	5
11. 我说话不加思考	1	2	3	4	5
12. 遇到问题时我喜欢慢慢考虑	1	2	3	4	5
13. 我做事比较理智	1	2	3	4	5
14. 我激动时难以控制自己的行为	1	2	3	4	5
15. 遇到难题时我可以耐心地思考解决问题的办法	1	2	3	4	5

续　表

项目	没有	极少	有时	经常	总是
16. 我有规律地安排饮食起居	1	2	3	4	5
17. 我容易冲动行事	1	2	3	4	5
18. 做决定前,我喜欢仔细考虑得失	1	2	3	4	5
19. 我离开家之前把事情都安排好	1	2	3	4	5
20. 我不考虑后果而立即行动	1	2	3	4	5
21. 我冷静地思考问题	1	2	3	4	5
22. 我做事时能按计划完成	1	2	3	4	5
23. 我容易冲动性购物	1	2	3	4	5
24. 我遇事犹豫不决	1	2	3	4	5
25. 我花钱有计划性	1	2	3	4	5
26. 我做事十分莽撞	1	2	3	4	5
27. 我思考问题时能集中注意力	1	2	3	4	5
28. 我很看重对未来的安排	1	2	3	4	5
29. 我想到什么就马上去做	1	2	3	4	5
30. 我容易想出新的办法来解决遇到的困难	1	2	3	4	5

参考文献

[1] Allais M. Le comportement de l' homme rationnel devant le risque: critique des postulats et axiomes de l' école américaine[J]. Econometrica: Journal of the Econometric Society, 1953: 503-546.

[2] Scodel A, Ratoosh P, Minas J S. Some personality correlates of decision making under conditions of risk[J]. Behavioral Science, 1959, 4(1): 19-28.

[3] Caria A, Sitaram R, Veit R, et al. Volitional control of anterior insula activity modulates the response to aversive stimuli. A real-time functional magnetic resonance imaging study[J]. Biological Psychiatry, 2010, 68(5): 425-432.

[4] Leiserowitz A. Climate Change Risk Perception and Policy Preferences: The Role of Affect, Imagery and Values[J]. Climatic Change, 2006, 77 (1-2): 45-72.

[5] Ashforth B E, Humphrey R H. Emotion in the workplace: A reappraisal[J]. Human relations, 1995, 48(2): 97-125.

[6] Bajtelsmit V L, Bernasek A. Why do women invest differently than men? [J]. Financial Counseling and Planning, 1996(7): 1-10.

[7] Barber, Odean. Boys will be boys: Gender, overcon, dence, and common stock investment[J]. Quarterly Journal of Economics, 2001, 116: 261-292.

[8] Barnea A, Cronqvist H, Siegel S. Nature or nurture: What determines investor behavior? [J]. Journal of Financial Economics, 2010, 98(3): 583-604.

[9] Bateman H, Eckert C, Geweke J, et al. Financial competence, risk presentation and retirement portfolio preferences[J]. Journal of Pension Economics and Finance, 2014, 13(1):27-61.

[10] Bateman H, Eckert C, Geweke J, et al. Risk Presentation and Portfolio Choice [J]. Review of Finance, 2016, 20(1):201-229.

[11] Bateman H, Stevens R, Lai A. Risk Information and Retirement Investment Choice Mistakes Under Prospect Theory[J]. Journal of Behavioral Finance, 2015, 16(4):279-296.

[12] Behrman J R, Mitchell O S, Soo C, et al. Financial literacy, schooling, and wealth accumulation[R]. National Bureau of Economic Research, 2010.

[13] Belzil C, Leonardi M. Risk aversion and schooling decisions[J]. Annals of Economics and Statistics/ANNALES D' CONOMIE ET DE STATISTIQUE, 2013:35-70.

[14] Black, Fisher. Noise[J]. Journal of Finance, 1986, 41:529-543.

[15] Bluck S, Li K Z H. Predicting memory completeness and accuracy: Emotion and exposure in repeated autobiographical recall[J]. Applied Cognitive Psychology, 2001, 15(2):145-158.

[16] Bombardini M, Trebbi F. Risk aversion and expected utility theory: an experiment with large and small stakes[J]. Journal of the European Economic Association, 2012, 10(6):1348-1399.

[17] Bonin H, Tatsiramos K. Native-migrant differences in risk attitudes[J]. Applied Economics Letters, 2009, 16(15):1581-1586.

[9] Bauman H, Kessel E, [illegible] of Empirical consistency risk preferences and [illegible] portfolio preferences[J]. Journal of Pension Economics and Finance, 2016, 14(1): 27–51.

[10] [illegible] Risk [illegible] and Portfolio Choice[J]. Review of Finance, 2016, 20(1): 201–[illegible].

[11] [illegible] Risk [illegible] and Investment [illegible] Choices: Mistakes under Prospect Theory[J]. Journal of Behavioral Finance, 2015, 16(?): [illegible].

[12] Hammond [illegible], Mitchell O S, [illegible] [R]. National Bureau of Economic Research, 2010.

[13] [illegible] scheduling decisions[J]. [illegible] 2012, 25: 70.

[14] [illegible] Journal of Finance, 1994, 11: [illegible].

[15] [illegible] 2008, 15(2): 145–158.

[16] [illegible] 2012, [illegible]: [illegible].

[17] [illegible] 2008, 10(12): 1385–1398.